Oliver Kraatz

Außerschulisches Lernen im Museum

Beispiel des
Heinz Nixdorf MuseumsForums
in Paderborn

Bachelor + Master
Publishing

Kraatz, Oliver: Außerschulisches Lernen im Museum. Beispiel des Heinz Nixdorf MuseumsForums in Paderborn, Hamburg, Diplomica Verlag GmbH 2012
Originaltitel der Abschlussarbeit: Das Museum als außerschulischer Lernort: Am Beispiel des Heinz Nixdorf MuseumsForums in Paderborn

ISBN: 978-3-86341-492-4
Druck: Bachelor + Master Publishing, ein Imprint der Diplomica® Verlag GmbH, Hamburg, 2012
Zugl. Universität Paderborn, Paderborn, Deutschland, Staatsexamensarbeit, Mai 2010

Bibliografische Information der Deutschen Nationalbibliothek:
Die Deutsche Nationalbibliothek verzeichnet diese Publikation in der Deutschen Nationalbibliografie; detaillierte bibliografische Daten sind im Internet über http://dnb.d-nb.de abrufbar.

Die digitale Ausgabe (eBook-Ausgabe) dieses Titels trägt die ISBN 978-3-86341-992-9 und kann über den Handel oder den Verlag bezogen werden.

Backsteine kann ich fertig kaufen, Personen nicht.
Wir müssen die Menschen schulen und ausbilden.

- Heinz Nixdorf, 1984

Der Lehrer nimmt den Bach durch.

Er zeigt ein Bild.

Er zeichnet an die Wandtafel.

Er beschreibt.

Er schildert.

Er erzählt.

Er schreibt auf.

Er diktiert ins Heft.

Er gibt eine Hausaufgabe.

Er macht eine Prüfung.

Hinter dem Schulhaus fließt munter der Bach vorbei.

Vorbei.

Heinrich Schulmann[1]

1 Einleitung

Diese Zeilen Heinrich Schulmanns sind vor mehr als 30 Jahren entstanden. Aber bis heute ist in den Köpfen von Eltern, Lehrern und Schülern[2] das Bild des lehrerzentrierten Unterrichts wach geblieben. Zwar ist der Unterricht schon lange nicht mehr nur lehrerzentriert, aber auch das methodische Grundproblem hat sich nicht so sehr verändert wie dies wünschenswert wäre: so schreibt oder zeichnet der Lehrer heute oft nicht mehr an die Wandtafel, sondern nutzt stattdessen eine Powerpoint-Präsentation über den Bach als Medium. Trotz der methodischen Probleme, die diese Art der Unterrichtsgestaltung mit sich bringt, hat sich erst in den letzten Jahren die Erkenntnis durchgesetzt, dass außerschulische Lernorte, wenn sie bedacht in einer Unterrichtsreihe eingesetzt werden und so den entsprechenden didaktischen Rahmen erhalten, eine sehr sinnvolle Ergänzung zum Unterricht im Klassenraum sind. In der heutigen Zeit ist es für Schüler immer schwieriger, Primärerfahrungen zu sammeln. Vielfach fehlt Eltern die Zeit, die Motivation oder das Gespür für die Notwendigkeit von Erfahrungen ihrer Kinder jenseits von Schule, Computer und Massenmedien. Ihrem Bildungsauftrag folgend sollte die Schule versuchen, den Schülern im entsprechenden didaktischen Rahmen Erfahrungen zu ermöglichen, die für die persönliche Entwicklung von so im-

---

[1]nach: Jürg Schüpbach: Nachdenken über das Lehren: Vorder- und Hintergründiges zur Didaktik im Schulalltag, Bern: Haupt, ³2007, S. 42.

[2]Im Folgenden wird das generische Maskulinum *Schüler* genutzt, um sowohl das weibliche wie auch das männliche Geschlecht zu repräsentieren. Dieses gilt selbstverständlich analog für alle weiteren generischen Maskulina.

menser Wichtigkeit sind wie das aktive Erleben der eigenen Umwelt und Lebenswirklichkeit. Hat Schule es durch den Besuch außerschulischer Lernorte einmal geschafft, das oft passive Konsumieren von Unterrichtsinhalten durch die Schüler in wahres Interesse zu verwandeln, ergeben sich positive Effekte auf den Unterrichtsalltag. Es entsteht auch im Klassenraum ein völlig neues Unterrichtsklima, das nicht nur die Leistungen der Schüler verbessern, sondern auch Lehrern einiges an Belastungen abnehmen und so die Arbeit vereinfachen kann.

In der vorliegenden Arbeit möchte ich untersuchen, inwieweit es sich das *Heinz Nixdorf MuseumsForum*[3] in Paderborn als außerschulischer Lernort eignet. Dazu werden folgende Leitfragen herangezogen:

1. Was bedeutet *außerschulischer Lernort*?

2. Was macht ein Museum aus?

3. Welche Möglichkeiten bietet das *Heinz Nixdorf MuseumsForum* als außerschulischer Lernort?

Aus diesen Fragen ergibt sich das weitere Vorgehen. Dazu wird zuerst der Terminus *außerschulischer Lernort* definiert und in Verbindung zu den Richtlinien und Lehrplänen für das Fach Geschichte in der Sekundarstufe II gesetzt. Es wird die Frage beantwortet, warum sowohl Reformpädagogik als auch heutige Pädagogik außerschulische Lernorte für sinnvoll erachten. Ebenso wird die Geschichte der Museen skizziert und die unterschiedlichen Museumsarten werden erläutert, um die Frage zu beantworten, warum Museen sich als außerschulische Lernorte eignen.

Danach wird zunächst das *Heinz Nixdorf MuseumsForum* in seiner speziellen Form als museale Institution vorgestellt und beschrieben. Es wird die Entstehung des Museums und seine Konzeption untersucht. Hierbei bilden insbesondere die Dauerausstellung und das umfangreiche museumspädagogische Angebot einen Schwerpunkt der Erläuterungen.

Anhand der Planung und Durchführung des Besuchs dieses außerschulischen Lernorts wird der Nutzen des *HNF* als didaktisch sinnvoller, außerschulischer Lernort untersucht. Es werden Informationen zu rechtlichen Aspekten, die bei Unterrichtsgängen beachtet werden müssen, gegeben. Die unterschiedlichen Möglichkeiten des methodischen Einsatzes eines Unterrichtsgangs innerhalb einer Unterrichtsreihe werden ebenfalls beschrieben.

---

[3]Statt *Heinz Nixdorf MuseumsForum* wird im Folgenden die der Corporate Identity entsprechende Abkürzung *HNF* gleichbedeutend verwendet.

Der methodische Dreischritt findet dabei ebenso Beachtung wie die Frage, inwieweit das *Heinz Nixdorf MuseumsForum* Klassenfahrten beziehungsweise Besuche durch Schulklassen unterstützt und fördert.

Jedoch muss auch klar sein, dass der Besuch eines außerschulischen Lernorts nur eine Ergänzung des Klassenunterrichts sein kann, aber kein Allheilmittel für dort auftretende Probleme ist. Auch der Besuch eines außerschulischen Lernorts ist mit Problemen und Grenzen behaftet.

Das abschließende Fazit besteht aus einer Zusammenstellung der herausgearbeiteten Ergebnisse und liefert einen kurzen Ausblick auf zukünftige Möglichkeiten.

2 Grundlagen

2.1 Begriffserklärungen

Bereits in der Einleitung ist oft die Bezeichnung *außerschulischer Lernort* gefallen. Allerdings ist es notwendig, diesen Terminus, insbesondere für die weitergehende Betrachtung des Stellenwerts von Museen als außerschulische Lernorte, genauer zu definieren und abzugrenzen. Vordergründig betrachtet erscheint diese Definition recht einfach. So gibt auch Fritz M. Kaths Ausführung wenig konkreten Anhalt:

> Der Mensch kann an allen Orten lernen, und diejenigen, an denen
> er wirklich lernt, werden für ihn zu Lernorten, unabhängig davon,
> ob das Lernen gewollt bzw. gesollt ist oder nicht.[4]

Lernen kann selbstverständlich nicht nur in der Schule oder der Universität stattfinden, sondern natürlich auch außerhalb in der Freizeit, der Familie, in Museen und sogar im Internet. Folgt man der Annahme des sogenannten *lebenslangen Lernens*, müssen die Orte, an denen Lernen stattfindet, sogar außerhalb der klassischen Bildungseinrichtungen liegen. Allerdings ist fraglich, ob deshalb jeder Ort außerhalb eines Schulgebäudes automatisch einen außerschulischen Lernort darstellen kann. Insbesondere in Werbung und Marketing ist der Begriff des außerschulischen Lernorts in den letzten Jahren vermehrt anzutreffen. So werden im Rahmen der immer wiederkehrenden Forderung nach mehr Lebensnähe beziehungsweise -wirklichkeit in

---

[4]Kath, Fritz M. zitiert nach Silke Traub: Das Museum als außerschulischer Lernort für Schulklassen. Eine Bestandsaufnahme aus der Sicht von Museen und Schulen mit praxiserprobten Beispielen erfolgreicher Zusammenarbeit, Hamburg: Verlag Dr. Kovac, 2003.

der Schule und im Unterricht schnell sogar Freizeitparks zu solchen Lernorten, da sie ihren bildenden oder lehrenden Charakter besonders hervorheben. Allerdings sind Alltagssituationen und Lernorte, die eine aktive Auseinandersetzung der Schüler mit der Thematik nicht fordern, natürlich nicht als Lernort qualifiziert, so schreibt 1992 das Journal zur Gestaltung des Schullebens und Öffnung von Schule.[5] Es stellt also vor allem die Selbstständigkeit der Schüler ein wichtiges Kriterium zur Erkennung eines außerschulischen Lernorts dar. Die Schüler sollen selbsttätig einen Teilbereich des Wissens erschließen und gestalten. Eine Interaktion zwischen Schüler und Lernort ist also unerlässlich.

Es gibt neben diesen noch viele weitere mehr oder weniger differenzierte Definitionen außerschulischer Lernorte. Ob ein Lernort außerhalb des Klassenraums aber einen qualifizierten außerschulischen Lernort darstellt, hängt nicht nur vom Ort an sich, sondern auch von den gewünschten Lernzielen ab. Hierzu gibt das Landesinstitut für Schule und Weiterbildung eine Hilfestellung in Form eines Kriterienkatalogs:[6]

Gute außerschulische Lernorte sind in ihrem Nutzen für eine Unterrichtsreihe nicht auf bestimmte Fragestellungen begrenzt, sondern liefern verschiedene Möglichkeiten der Auseinandersetzung, die wiederum bei den Besuchern Neugier wecken. Durch ihren Aufbau fordern und fördern sie gemeinsames Lernen. Sie bieten verschiedene Möglichkeiten der Auseinandersetzung mit den Fragestellungen, so dass Schüler lernen, mit verschiedenen Verfahren und Arbeitsformen Antworten zu finden. Die guten, qualifizierten außerschulischen Lernorte fordern von den Schülern einen ernsthaften Umgang mit dem entsprechenden Thema und lassen Schlüsse zu, ob das Erlernte auf andere Situationen der Lebenswirklichkeit übertragbar ist. An diesen Lernorten finden sich oftmals Experten, die den Schülern nicht nur Auskunft geben können, sondern auch bei ihrem Erlebnis beratend und anleitend zur Seite stehen, ihnen Hintergrundinformationen oder Hilfestellung geben können und so dazu beitragen, dass neue konkrete Erfahrungen gemacht werden können.

Von besonderer Wichtigkeit ist für das Landesinstitut für Schule und Weiterbildung auch die Vorbereitung und didaktische Aufbereitung der *außerschulischen Erfahrung*. Vorgeschlagen werden hier Methoden, die dem methodischen Dreischritt in Kapitel 5.3 entsprechen. So gehört zur Vorbereitung neben der Erarbeitung von Recherche- und Beobachtungsverfahren auch

---

[5]Landesinstitut für Schule und Weiterbildung [Hrsg.]: Journal zur Gestaltung des Schullebens und Öffnung von Schule. Wann ist ein „Lernort" ein Lernort?, Soest 1992, S. 2.
[6]Ebd.

die Einführung in Dokumentations- und Ergebnissicherungstechniken, soweit diese nicht bereits bekannt sind. Im Sinne der Selbstkontrolle und Reflexion sollte zum Abschluss kritisch hinterfragt werden, was erreicht wurde und welche Fragen noch offen sind oder welche Verbesserungen bei ähnlichen Besuchen möglich sein könnten.

Sauerborn und Brühne gehen in ihren Anforderungen noch einen Schritt weiter. Sie sehen die Möglichkeit, Schülern der Sekundarstufe II gar ein erweitertes Ablaufschema an die Hand zu geben, damit diese ihre Erfahrungen durch noch mehr Selbstständigkeit aufwerten können. Dieses erweiterte Ablaufschema findet sich in Anhang A.[7] Als ein weiteres Ziel des Besuchs eines außerschulischen Lernorts sehen sie im Sinne der politischen Bildung die Vorbereitung der aktiven Partizipation an der Gesellschaft. Hierfür bieten sich natürlich insbesondere politische Institutionen, Schüleraustausch oder der Besuch eines Museums, das die entsprechenden Möglichkeiten bietet, an.

Im Laufe der stetigen Weiterentwicklung der Gesellschaft und der Pädagogik hat sich auch die Bedeutung außerschulischer Lernorte für das Unterrichtsgeschehen verändert.

2.2 Außerschulische Lernorte in der Reformpädagogik

Die Idee, die Klassenzimmer zum Lernen zu verlassen und so das *Erlebnis Lernen* möglich zu machen, ist nicht neu. Schulunterricht folgte viele Jahre, ja gar Jahrhunderte lang ähnlichen Schemata. Gelehrt wurde hauptsächlich im Frontalunterricht. Die Lehrer stellten Fragen und versuchten, Buchwissen durch ständige Wiederholung in die Köpfe der Schüler zu *verpflanzen*. Den Interessen und Bedürfnissen der Schüler wurde dabei sehr wenig Raum gegeben. Ihre Aufgabe war es, ohne eigenes Handeln Wissen zu speichern und vieles stumpf auswendig zu lernen. Aber bereits zur Zeit der Wende vom 19. zum 20. Jahrhundert forderten Anhänger der neu aufkommenden Reformpädagogik wie Rousseau oder Freinet „eine Schule, die nicht nur Unterrichtsinhalte ‚vermittelt', sondern gleichzeitig eine erziehende und eine soziale Funktion wahrnimmt. [Sie] gehen von einem Schulalltag aus, in dem die intellektuelle Förderung, die künstlerische Bildung, Sport und Spiel, soziales Lernen und manuelle Arbeit in einer bestimmten Anordnung sich abwechseln und ergän-

---

[7]vgl. Petra Sauerborn/Thomas Brühne: Didaktik des außerschulischen Lernens, Baltmannsweiler: Schneider Verlag Hohengehren, [1]Okt. 2007, S. 32.

zen und gleichberechtigt zur Erziehung und Bildung beitragen."[8] Die Schüler
sollten anfangen, nicht nur am Unterricht teilzunehmen, sondern ihn zu *erleben*. Sie sollten anfangen, sich im Unterricht aktiv mit sich selbst und ihrer
Umwelt auseinander zu setzen. Und wo sollte dies einfacher möglich sein als
in der realen Welt außerhalb des Klassenzimmers? Die Idee vom außerschulischen Lernort war zwar nicht neu, wurde aber lauter und intensiver gefordert
und gefördert als jemals zuvor.

Ein Vertreter der reformpädagogischen Bewegung war der US-Amerika-
ner John Dewey. Er forderte nicht nur außerschulisches Lernen, sondern setz-
te sich auch aktiv dafür ein, dass das Lernen seiner Schüler auf selbst gemachten Erfahrungen fußte. Dafür gründete er zusammen mit seiner Frau
1896 eigens eine Laborschule in Chicago. Diese stellt auch das Vorbild für die
von Professor Dr. Hartmut von Hentig gegründete Laborschule in Bielefeld
dar. Dewey forderte eine Abschaffung der Autorität des Lehrers, um ihn zu einem Mitarbeiter der Schüler bei der Sammlung von Erfahrungen zu machen.
Exkursionen waren an Deweys Schule an der Tagesordnung. Wann immer die
Schüler in der Schule waren, standen ihnen verschiedene Lernumgebungen
wie Bibliotheken, Werkstätten, der Schulgarten und vieles mehr zur Verfügung. Viele dieser Ideen John Deweys tauchen heute unter dem Schlagwort
„Öffnung von Schule" wieder auf. Hierbei soll sich Schule näher mit ihrem
Umfeld befassen und „zur Erfüllung des schulischen Bildungs- und Erzie-
hungsauftrages und bei der Gestaltung des Übergangs von den Tageseinrich-
tungen für Kinder in die Grundschule zusammen[arbeiten] [. . .] und Hilfen
zur beruflichen Orientierung geben."[9]

2.3 Außerschulische Lernorte in der heutigen Pädagogik

Die Diskussion um Unterricht und Lernen außerhalb der Klassenzimmer ist
also auch heute noch aktuell. Noch immer haben Schulen, die streng nach den
Konzepten der Reformpädagogen lehren und leben, eine große Schülerschaft.
So können auch diese Schulen mit ihren Ideen und Prinzipien ständig die
Entwicklung der Lehrpläne und Richtlinien beeinflussen. Für das Ministeri-
um für Schule und Weiterbildung des Landes Nordrhein-Westfalen zählt zu

---

[8]Cristina Allemann-Ghionda: Ganztagsschule – ein Blick über den Tellerrand, in: Neue
    Chancen für die Bildung. Jahrbuch 2004, Schwalbach/Ts.: WOCHENSCHAU Verlag, 2003,
    S. 206 –216, S. 213.
[9]Ministerium für Schule und Weiterbildung des Landes Nordrhein-Westfalen [Hrsg.]: Schul-
    gesetz für das Land Nordrhein-Westfalen, zuletzt geändert durch Gesetz vom 17. Dezem-
    ber 2009, Düsseldorf 2009, §5.

den wichtigen Gesichtspunkten der Weiterentwicklung von Richtlinien und Lehrplänen auch die Unterstützung des selbstständigen Lernens:

> Lernprozesse, die nicht nur auf kurzfristige Lernergebnisse zielen, sondern die dauerhafte Lernkompetenzen aufbauen, müssen gestärkt werden. Es sollten deutlicher Lehr- und Lernsituationen vorgesehen werden, die selbstständiges Lernen und Lernen in der Gruppe begünstigen und die Selbststeuerung des Lernens verbessern.[10]

Zu diesen bereits aus der Reformpädagogik bekannten Ideen und Vorstellungen kommt eine sich verändernde Lebenswirklichkeit der Schüler hinzu. Fernsehen, Computer und Internet, die gefühlte Verpflichtung zur ständigen Kommunikation mit Hilfe von Handy, Internet und sozialen Netzwerken und vieles mehr prägen den Alltag der Schüler. Es bleibt kaum noch Platz für Primärerfahrungen in der Natur oder an Originalschauplätzen. Viele Sach-, Sozial- und Selbsterfahrungen werden häufig nur noch in der Theorie oder durch Berichte Dritter gemacht. Wozu soll man heute noch die historische Altstadt besuchen, wenn diese sich genauso gut virtuell bei *Google StreetView* betrachten lässt oder ein *Facebook*-Freund sein Fotoalbum mit Kommentaren zur Verfügung stellt?

Natürlich darf man den Nutzen dieses technischen Fortschritts nicht unterschätzen oder gar unterbewerten, aber trotzdem erfordert handlungsorientiertes, wissenschaftspropädeutisches Lernen auch immer die persönliche Auseinandersetzung mit Informationen. Psychologische Untersuchungen zeigen schon lange, dass Lernen nicht nur über einen isolierten Sinn stattfinden kann. Vielmehr ist es notwendig, Sinneswahrnehmungen, Gefühle und Erfahrungen zu verknüpfen, um ein anhaltendes Lernergebnis sicherzustellen. Hierfür sind authentische Erfahrungen außerhalb der Lehrbücher und Lehrer- oder Schülerreferate unabdingbar. Damit also eine praktische Wirklichkeitswahrnehmung und -begegnung stattfinden kann, kommt außerschulischen Lernorten eine besondere Rolle zu:

> Exkursionen und Studienreisen, Archiv-, Museums- und Ausstellungsbesuche, Stadtrundfahrten und (z. T. alternative) Stadtrundgänge sind Organisationsformen des Geschichtsunterrichtes, die

---

[10]Ministerium für Schule und Weiterbildung des Landes Nordrhein-Westfalen [Hrsg.]: Richtlinien und Lehrpläne für die Sekundarstufe II – Gymnasium/ Gesamtschule in Nordrhein-Westfalen. Geschichte, Düsseldorf/ Frechen: Ritterbach Verlag, 1999, Vorwort von Gabriele Behler, Ministerin für Schule und Weiterbildung, Wissenschaft und Forschung des Landes Nordrhein-Westfalen.

historische Themen durch die Arbeit an und mit möglichst origina-
len historischen Zeugnissen außerhalb der Schule erschließen.[11]

Unter diesen außerschulischen Lernorten nehmen Museen, insbesondere im
Geschichtsunterricht, eine besondere Rolle ein, denn

> [...] in dem Maße, in dem die Präsentation von Objekten Anlass
> zu Fragen, von Neugier und Interesse ist und nicht nur die Illu-
> sion einer vermeintlich bekannten und feststehenden Geschichte,
> entwickeln sich viele Museen – auch in einer gewissen Kultur- und
> Medienkonkurrenz – zu Foren der Geschichtskultur (z. B. in Form
> von Vorträgen, Diskussionen, Sonderausstellungen, Exkursionen,
> Spiel- und Projekttagen, dem Bereitstellen von Praktikumsplät-
> zen), die im Rahmen des Geschichtsunterrichts der gymnasialen
> Oberstufe langfristigere und fest institutionalisierte Möglichkei-
> ten der Kooperation bieten können.[12]

Diese Möglichkeiten der Kooperation von Schule und Museen als außerschulischen Lernorten eröffnen sowohl für Schüler, aber auch für Lehrer, völlig
neue Lehr- und Lernfelder. Didaktisch richtig eingebettet kann ein Museumsbesuch die Effizienz und Nachhaltigkeit einer Unterrichtsreihe sehr positiv
beeinflussen. Um allerdings das passende Museum für einen solchen Besuch
zu finden, ist es notwendig, die Geschichte der Museen und ihre unterschiedlichen Ausrichtungen zu kennen und entsprechend anzuwenden.

3 Das Museum

3.1 Historischer Überblick und Definition

Um sich eingehender mit dem Museum als außerschulischem Lernort beschäftigen zu können, ist es unabdingbar, diese Institution und ihre Geschichte zuerst näher zu betrachten. In einem kleinen historischen Abriss wird nun
ein Überblick über die Entstehung und Entwicklung der Institution Museum
gegeben.

Die Bezeichnung *Museum* ist dem lateinischen *museum* entlehnt, was *Stu-
dierzimmer* oder *Ort gelehrter Beschäftigung* bedeutet.[13] Dieses geht wieder-

---

[11] Ministerium für Schule und Weiterbildung des Landes Nordrhein-Westfalen [Hrsg.]: RuL
Geschichte Sek. II Gym/ Ges (wie Anm. 10), S. 65.

[12] Ebd., S. 66.

[13] Friedrich Kluge/Elmar Seebold: Etymologisches Wörterbuch der deutschen Sprache, Berlin: Walter de Gryter, [23] 1996, S. 567.

um hervor aus dem griechischen μουσεῖον (museion), was *Ort der Musenvereh-rung* bedeutet. In der Antike war jede Stätte, an der die griechischen Göttinen der Kunst und Wissenschaft, die Musen, verehrt wurden ein μουσεῖον.[14] Aus der Verbindung eben dieses Musenheiligtums und einer Lehrstätte erklärt sich auch das μουσεῖον der platonischen Akademie.[15] An diesem Ort vereinen sich der Musenkult und die gelehrte Beschäftigung: in der Wandelhalle Peripatos wurde beim Umhergehen diskutiert und unterrichtet, denn eben dieses gemeinsame Forschen und die Musenverehrung waren integraler Bestandteil der platonischen Schule.

Mit Beginn der Renaissance und der damit verbundenen Wiederentde-ckung der antiken Ideale und Künste begann auch die Entwicklung erster (Kunst-)Sammlungen. Nicht nur der Adel, sondern auch die neue Schicht des Bürgertums begannen, ganz im Sinne der humanistischen Ideale, wieder Sammlungen von Statuen, Büsten, Bildern und antiken Gegenständen anzu-legen. Obwohl bereits der Humanist Paolo Giovio 1546 den ersten gedruckten *Museumskatalog* über einen Teil seines Hauses herausgebracht hatte, gilt Lo-renzo de Medici als der erste, der wieder den Begriff *Museum* für seinen Sta-tuengarten in Florenz gebrauchte. Neben diesen Statuen besaß er Gemälde, Edelsteine und Musikinstrumente.[16] Durch die Entdeckung der *Neuen Welt* und die von dort mitgebrachten, bisher unbekannten Tiere, Pflanzen, Geste-ine oder Kunstobjekte wurden diese Gegenstände nicht mehr nur Teil von Ku-riosenkabinetten oder Kunst- und Wundersammlungen, sondern wurden ins-besondere von Wissenschaftlern, Ärzten und Apotheken gesammelt.[17]

> Das Museum schuf einen Raum, innerhalb dessen die klassischen Problemata der Naturphilosophie mittels des Sammelns und Ver-gleichens von Daten sowie der Wiederholung bereits beschriebener Experimente der Probe unterworfen werden konnten.[18]

Im 17. und 18. Jahrhundert beginnt die Zeit der großen bürgerlichen

---

[14] Walter Hasso Groß: Museion, in: Konrat Ziegler [Hrsg.]: Der Kleine Pauly. Lexikon der An-tike. 5 Bde. in Kassette, Bd. 3, München: Deutscher Taschenbuch Verlag, 1979, Sp. 1482–1485, Sp. 1482.

[15] Heinrich Dörrie: Peripatetiker, in: Konrat Ziegler [Hrsg.]: Der Kleine Pauly. Lexikon der Antike. 5 Bde. in Kassette, Bd. 4, München: Deutscher Taschenbuch Verlag, 1979, Sp. 639, Sp. 639.

[16] vgl. Friedrich Waidacher: Handbuch der allgemeinen Museologie, Wien: Böhlau, 1993.

[17] Paula Findlen: Die Zeit vor den Laboratorien: Die Museen und der Bereich der Wissen-schaft 1550–1750, in: Andreas Grote [Hrsg.]: Macrocosmos in Microcosmo. Die Welt der Stube – Zur Geschichte des Sammelns 1450–1800, Opladen: Leske + Budrich, 1994, S. 191–207, S. 191.

[18] Ebd., S. 194.

Sammlungen und ersten Museen. Hier bekommt das Museum aus der Sicht der Aufklärung und der Befreiung aus der Kant'schen *selbstverschuldeten Unmündigkeit* einen völlig neuen Stellenwert. Das Museum wandelt sich von einem Ort der musealen Leidenschaft und Prestigepflege einiger weniger Adliger zu einem Ort der Öffentlichkeit. Das museale Wissen wird demokratisiert und den Massen zugänglich gemacht. Allerdings sollte man diese Entwicklung keinesfalls gleichsetzen mit unserer heutigen Vorstellung eines öffentlichen Museums. Das Museum emanzipierte sich im 17. und 18. Jahrhundert von einem notwendigen Bestandteil jedes größeren Residenzschlosses zur Institution.[19] Das Museum wurde zunehmend in die staatliche Organisation eingebunden und seine Stellung und Aufgabe in eben diesem Staat auch theoretisch erörtert. Es wurden Auswahl- und Restaurationsprinzipen entwickelt und festgelegt. Erste Ansätze von Vermittlungs- und Didaktikformen hielten ebenfalls Einzug. Das Museum bekam seinen eigenen, spezifischen Verwaltungsapparat.[20] Im Jahr 1753 wurde in London durch einen Parlamentsbeschluss die Bibliothek und wissenschaftliche Sammlung des Hofarztes Sir Hans Sloane aufgekauft und in das öffentliche *British Museum* umgewandelt.

Im späten 18. Jahrhundert bildeten sich im Zuge der immer genauer und differenzierter werdenden Wissenschaften auch neue Museumsarten heraus. Neben der Gemäldegalerie entstand auch das Geschichtsmuseum als neue Form. Nachdem die industrielle Revolution des 19. Jahrhunderts Deutschland erreicht hatte, entstanden ebenfalls die Gewerbemuseen, die Gewerbe- oder Industrieprodukte zur Schau stellten. Grund für diese Entwicklung ist mit Sicherheit der veränderte Zeitgeist als Folge der Industrialisierungs- und Fortschrittseuphorie.[21]

Das *Deutsche Museum von Meisterwerken der Naturwissenschaft und Technik*, kurz *Deutsches Museum*, wurde 1903 in München gegründet. Als Vorbilder dienten dem Gründer Oscar von Miller das *British Museum of Natural History* in London und das *Conservatoire des arts et métiers* in Paris. Dieses Museum gilt als absolut bahnbrechend für den Typus des Technikmuseums, da es neben qualitativ sehr hochwertigen Exponaten seinen Besuchern auch erstmals Interaktivität bot. Die Ausstellung war so geplant

---

[19] vgl. Waidacher: allg. Museologie (wie Anm. 16), S. 86.

[20] vgl. Heidi Hense: Das Museum als gesellschaftlicher Lernort. Aspekte einer pädagogischen Neubestimmung, Frankfurt/ Main: extrabuch Verlag, 1990, S. 27.

[21] Friedrich Klemm: Geschichte der naturwissenschaftlichen und technischen Museen, in: Deutsches Museum [Hrsg.]: Abhandlungen und Berichte 2 (1973), S. 47.

worden, dass den Besuchern neben den Objekten auch Bilder, *eindringliche Beschriftungen* und Demonstrationsobjekte zur Veranschaulichung der Funktionsweise von Naturvorgängen oder Exponaten geboten werden konnten. Oscar von Miller hatte ein unterhaltsames, volksnahes und volksbildendes Museum gefordert, das durch die Rekonstruktion der allgemeinen historischen Situation den Besuchern Hintergrundwissen zu den Exponaten liefern sollte.[22]

Bezeichnend für das heutige Museum ist die weitere Ausdifferenzierung der Museumsberufe. Nicht nur wurden Museumskonzeptionen professionalisiert und verwissenschaftlicht, Museen betreiben heute auch aktive Öffentlichkeitsarbeit und unterhalten ein eigenes Management. Vor allem in den letzten Jahrzehnten wurde diskutiert, welchem Funktions- und Wertewandel sich Museen im 21. Jahrhundert stellen müssen.[23]

Welche zentralen Aufgaben ein Museum in der heutigen Zeit erfüllen soll, beschreibt die Definition des *International Council of Museums*.[24] Dieser Definition[25] zufolge ist ein Museum

> eine nicht gewinn-orientierte, permanente Institution im Dienst
> der Gesellschaft und ihrer Entwicklung, die der Öffentlichkeit
> zugänglich ist, und die materielle und immaterielle Zeugnisse
> der Geschichte der Menschheit und ihrer Umwelt zum Zweck
> der Bildung, des Studiums und der Freude erwirbt, konserviert,
> erforscht, vermittelt und ausstellt.

Da diese Statuten allerdings nicht bindend sind, fordern die Museumsverantwortlichen in Deutschland bereits seit Jahren einen Schutz des Museumsbegriffs oder zumindest allgemein formulierte Standards. Eine Intiative hierzu kam unter anderem vom früheren Präsidenten des Deutschen Museumsbundes, Wolfgang Klausewitz, der bereits 1978 eine Definition des Museumsbegriffs formulierte. Diese Formulierung[26] ähnelt sehr der Definition des ICOM:

---

[22]vgl. Wilhelm Füßl: Oskar von Miller. 1855–1934. Eine Biographie, München: C.H. Beck, 2005.

[23]vgl. Helena Friman: Unkonventionelle Methoden – Das Museum als Teil der Stadt, in: Deutscher Museumsbund e.V. [Hrsg.]: Museumskunde 74 (2009), S. 53–56.

[24]*International Council of Museums* wird im Folgenden entsprechend der Corporate Identity als *ICOM* abgekürzt.

[25]International Council of Museums [Hrsg.]: Statuten, http://icom.museum/statutes.html, (besucht am 11. 05. 2010), übersetzt aus dem Englischen von O. Kraatz.

[26]Wolfgang Klausewitz: Was ist ein Museum?, in: Deutscher Museumsbund e.V. [Hrsg.]: Museumskunde 43 (1973).

1. Ein Museum ist eine von öffentlichen Einrichtungen oder von privater Seite getragene, aus erhaltenswerten kultur- und naturhistorischen Objekten bestehende Sammlung, die zumindest teilweise regelmäßig als Ausstellung der Öffentlichkeit zugänglich ist, gemeinnützigen Zwecken dient und keine kommerzielle Struktur oder Funktion hat.

2. Ein Museum muß eine fachbezogene (etwa kulturhistorische, historische, naturkundliche, geographische) Konzeption aufweisen.

3. Ein Museum muß fachlich geleitet, seine Objektsammlung muß fachmännisch betreut werden und wissenschaftlich ausgewertet werden können.

4. Die Schausammlung des Museums muß eine eindeutige Bildungsfunktion besitzen.

Demnach sind das Sammeln von Objekten, ihre Erforschung, Konservierung und Präsentation für die Öffentlichkeit die Grundsteine der Museumsarbeit. Diese grundlegenden Prinzipien sind in Museen – gleich welcher Art – möglichst optimal realisiert. Durch das Sammeln und Bewahren des kulturellen Erbes der Menschheit ist es den Besuchern möglich, dieses präsentierte Erbe zu begreifen, zu beurteilen und Zusammenhänge zwischen Vergangenem und gegenwärtigen Objekten, Ereignissen oder Phänomenen zu erkennen. Insbesondere für heranwachsende Menschen, also Schüler, bieten Museen also Möglichkeiten, diese Zusammenhänge nicht nur in Büchern, sondern an Zeitzeugnissen zu erkennen und zu erleben und mit auf den Lebensweg zu nehmen.

3.2 Objektpräsentation im Technikmuseum

Nachdem sich im Zuge der industriellen Revolution der Museumstypus des Industrie- und Gewerbemuseums herausgebildet hatte, ergab sich nach 1945 in Deutschland ein großes Problem für diese Museen. Im zweiten Weltkrieg waren viele Industrieanlagen zerstört oder zur Produktion von Rüstungsgütern umgebaut worden. Lange Zeit lag in Deutschland der Fokus eher auf dem Wiederaufbau und der industriellen Nutzung der erhaltenen Überreste als auf der Konservierung der historischen Bedeutung von Industrieanlagen und -geländen. Erst in den 1960er Jahren wurden erste Versuche unternommen, die Maschinen und Gebäude und ihre Bedeutung für Gesellschaft und

Geschichte zu konservieren.[27] So kam es in den 1970er Jahren auch im Zuge der Neuorientierung der Museen zu einer Welle von Neugründungen verschiedenster Technikmuseen. Diesen Technikmuseen in ihren verschiedenen Fachgebieten ist jedoch das Problem der Präsentation technischer Exponate und ihrer Vermittelbarkeit gemein. Die Objekte müssen nicht nur gesammelt und erhalten werden, sondern Aufforderungscharakter besitzen und die Neugierde des Besuchers wecken. Nur dann kann eine intensive Begegnung und Auseinandersetzung mit den Objekten stattfinden. Allerdings bleibt die Auswahl der ausgestellten Objekte immer den Museumsfachleuten und den aktuellen Ausstellungskonzeptionen unterworfen. Keine Sammlung kann für alle Zeiten objektiv und unveränderlich bleiben:

> Objekte, die im Museum lagern, sind gesammelt; sie sind aufbereitete Präparate. Solcherart sind sie das Ergebnis einer Tätigkeit, in der historisch wechselnde Auswahlkriterien, Bewertungskategorien, Neigungen und Interessen eine Rolle spielen.[28]

Vielfach ist die Auswahl der Objekte auch den jeweiligen Möglichkeiten des Museums unterworfen. So sind viele Exponate in Technikmuseen derart groß, dass nur eine begrenzte Anzahl davon in den Räumlichkeiten untergebracht werden können. Das *Heinz Nixdorf MuseumsForum* zeigt beispielsweise in seiner Dauerausstellung eine sogenannte Jaquard-Maschine, die über ein Lochkartensystem einen Webstuhl steuert. Allerdings wäre die Maschine zusammen mit dem Webstuhl über drei Meter hoch, so dass sie lediglich ohne den Webstuhl aufgestellt werden konnte, obwohl dies natürlich die Anschaulichkeit sehr einschränkt.

Allein dieser Umstand führt dazu, dass es keine perfekte Präsentation der Exponate geben kann. Jede Präsentationsform bringt Vor- und Nachteile mit sich. Die Ausstellungsmacher stehen also vor der großen Aufgabe, für ihre Ausstellung und ihr Museum eine *Sprache* zu entwickeln.

> Die Entwicklung einer ,Präsentationssprache' ist deshalb nicht selten als Problem Nummer Eins der Museumsarbeit bezeichnet worden. Dass diese Präsentationssprache nicht allein auf der Abfassung von Texten basieren kann, sondern auch Formen der

---

[27]vgl. Eberhard G. Neumann: Gedanken zur Industriearchäologie: Vorträge – Schriften – Kritiken, Hildesheim: Georg Olms Verlag, 1986, S. 20.

[28]Gottfried Korff/Martin Roth [Hrsg.]: Das historische Museum. Labor, Schaubühne, Identitätsfabrik, Frankfurt/ Main: Campus Verlag, 1990, S. 19.

visuellen Rhetorik mit einbeziehen muss, ergibt sich aus den materiellen und medialen Eigentümlichkeiten des Museums.[29]

Dies gilt natürlich besonders für Museen wie das *HNF*, die aufgrund ihrer Ausrichtung auch auf jüngste Technikgeschichte gezwungen sind, mit Hilfe der aktuellen technischen und medialen Möglichkeiten eben diese Technologien darzustellen und begreifbar zu machen. „Die bestmögliche Lösung ist dann gefunden, wenn die Ausstellung – die durchaus einen gewissen Unterhaltungswert, etwa im Sinne des heute oft verwendeten Begriffes ‚Infotainment' [haben darf] – selbstständiges Erkunden und Entdecken fördert."[30] Dieses Erkunden und Entdecken fordert eine besondere Präsentation der Objekte. Schließlich verlieren diese Objekte dadurch, dass sie aus ihrer Originalumgebung entfernt werden, einen großen Teil ihrer Aura. Diese Aura und damit der Originalzusammenhang, aus dem das Objekt entfernt worden ist, müssen von der Präsentation im Museum so gut wie möglich wiederhergestellt werden. Dazu nutzen Museen schon seit dem 19. Jahrhundert *Dioramen*, die dem Besucher die Komplexität des Exponats verdeutlichen sollen. Diese Art der Inszenierung wird auch heute von vielen Technikmuseen verwendet, wobei allerdings darauf geachtet werden muss, dass die Interpretationsmöglichkeiten nicht beliebig werden, sondern durch die Art der Präsentation und die Begleittexte oder Multimedia-Installationen wissenschaftlich korrekt sind.[31]

Auch haben die Kuratoren von Technikmuseen, die sich mit Technikgeschichte jenseits der Industrialisierung beschäftigen, die Aufgabe, eine Sammlung anzulegen, die auch in einigen Jahren noch repräsentativ ist und nicht von subjektiven Einschätzungen dieser sich schnell verändernden Technologien beeinflusst ist. Für Exponate aus der Zeit der Industrialisierung geben beispielsweise Korff und Roth von der Forschung erarbeitete Kriterien für eine Sammlung an, für die neuen Technologien fehlen aber diese Kriterien noch weitgehend.[32] Erst in den letzten Jahren beginnen sowohl Museen als auch die Forschung, sich intensiver mit der Problematik der Konservierung und Präsentation von Technikgeschichte jenseits der Industrialisierung auseinander zu setzen. Jedes Museum mit seinen speziellen Präsentations-

---

[29] Korff/Roth [Hrsg.]: Das historische Museum (wie Anm. 28), S. 23.

[30] Brigitte Lörwald: Die Entstehung von Technikmuseen seit Beginn der Achtziger Jahre als Folge der Musealisierung von Industrie und Technik, Diss., Universität Paderborn – Fachbereich 2, Erziehungswissenschaft, 2000, S. 92.

[31] vgl. Ursula Winter: Industriekultur: Fragen der Ästhetik im Technik- und Industriemuseum, in: Wolfgang Zacharias [Hrsg.]: Zeitphänomen Musealisierung, Essen: Klartext Verlagsgesellschaft, 1990, S. 252–256.

[32] vgl. Korff/Roth [Hrsg.]: Das historische Museum (wie Anm. 28).

formen kann daher als Pilotversuch auf diesem Gebiet gesehen werden, so dass insbesondere im Bereich dieses Museumstypus Erfahrungen mit bestimmten Techniken oder Darstellungsformen untereinander ausgetauscht und in verschiedenen Foren untersucht und besprochen werden.[33]

3.3 Das Museum als außerschulischer Lernort

Nicht nur die Aufgaben des Museums haben sich vor allem im 20. Jahrhundert stark verändert, es herrscht auch seit den 1980er Jahren ein wahrer Museumsboom, der nicht nur mit einer Vielzahl von Neugründungen einhergeht, sondern der auch für eine veränderte Wahrnehmung der Museen in den Augen der Öffentlichkeit geführt hat. Das Museum entfernt sich von der klassischen Form der Exponatpräsentation und richtet sich als Ort der Wissensvermittlung aus. Dies geht, speziell bei den sogenannten *Science Centern*, vielen Vertretern konventioneller Museen jedoch zu weit. Sie sehen Museen zu Freizeitparks verkommen, die ihre Qualität und Seriösität einbüßen. Für viele Kritiker verschwindet der Unterschied zwischen „Elfenbeinturm und Fußgängerzone".[34] Auf der anderen Seite ist es eben diese Veränderung zu einem Lernort, die die Qualität eines Museums im 21. Jahrhundert auszeichnen wird. Nur wenn Museen es schaffen, sich für ihren Elfenbeinturm einen Platz zwischen Karstadt und Kaufhof in der Fußgängerzone zu sichern, werden sie in Zukunft als Teil der Gesellschaft erfolgreich sein können.[35]

Scheinbar existiert also eine deutliche Diskrepanz zwischen der wissenschaftlichen Evaluierung des außerschulischen Lernorts und dem inflationären Gebrauch dieses Terminus durch verschiedenste Institutionen. Schon 2003 stellte Silke Traub fest, dass kaum erforscht sei, „inwieweit Museumsexpertinnen und -experten Museen als Bildungsstätten betrachten und wie Lehrerinnen und Lehrer ihren Bildungswert einschätzen".[36] Es gibt offensichtlich aufgrund der Vielzahl verschiedener Museen ebenfalls keinen Konsens über die Nutzung des Museums als außerschulischen Lernort und den damit verbundenen Lernzielen, die von Museumspädagogen unterstützt wer-

---

[33]Hier sei insbesondere die Zeitschrift *Museumskunde* des Deutschen Museumsbundes e.V. genannt, in der regelmäßig Erfahrungen mit speziellen Präsentationsformen und -techniken ausgetauscht werden. Einige dieser Artikel finden auch im weiteren Verlauf dieser Arbeit Beachtung.

[34]vgl. Landschaftsverband Rheinland [Hrsg.]: Vom Elfenbeinturm zur Fußgängerzone, Opladen: VS Verlag für Sozialwissenschaften, 1996.

[35]vgl. Friman: Museum als Teil der Stadt (wie Anm. 23).

[36]Traub: Das Museum als außerschulischer Lernort für Schulklassen. Eine Bestandsaufnahme aus der Sicht von Museen und Schulen mit praxiserprobten Beispielen erfolgreicher Zusammenarbeit (wie Anm. 4), S. 5.

den könnten. Silke Traub stellt an ein Museum als außerschulischen Lernort methodische und didaktische Anforderungen. Das Museum als Lernort muss das Lernen vorbereiten und möglich machen, da die reine Existenz eines Museums zum Erreichen von Lernzielen nicht ausreichend ist. Im Gegensatz zum klassischen Schulunterricht hat das Museum die Möglichkeit, den Schülern eine unmittelbare Begegnung mit den Objekten und deren Realität bieten zu können. Allerdings bedarf es dafür nicht zwangsläufig eines Museums. Auch andere Ausschnitte der Realität können als Lernorte dienen. Museen jedoch zeigen nicht nur ein aktuelles Bild der Realität wie Marktplätze, sondern präsentieren verschiedenste kulturelle, politische, wirtschaftliche, gesellschaftliche oder ökologische Aspekte der Menschheitsgeschichte. Durch seine Exponate kann ein Museum die materielle Basis unserer Realität und Geschichte verdeutlichen und konservieren. Dies macht in einer sich immer schneller verändernden und zusammenwachsenden Welt den besonderen Reiz eines Museums aus. Museen stellen also nicht nur Konstanten unseres Seins aus, sondern stellen eben selbst einen Teil dieser Konstanten dar. Man spricht in diesem Zusammenhang von der sogenannten Musealität:

> Museologie ist [die] mit Hilfe philosophischer Werkzeuge vorgenommene theoretische Erklärung und praktische Umsetzung eines besonderen erkennenden und wertenden Verhältnisses des Menschen zu seiner Wirklichkeit. Dieses Verhältnis wird als Musealität bezeichnet. Es findet seinen konkreten Ausdruck in Gegenständen, die als Zeugnisse einer bestimmten gesellschaftlichen Wirklichkeit im Dienste dieser Gesellschaft ausgewählt, erhalten, erforscht und vermittelt werden.[37]

In unserer heutigen Informationsgesellschaft stellt die Beschaffung von Informationen zu bestimmten Themen für kaum jemanden mehr ein großes Problem dar. Internet und andere Massenmedien liefern eine nahezu unüberschaubare Fülle an Informationen, aber nur ein Museum ist in der Lage, diese Informationen in Form von Objekten erfahrbar oder, insbesondere im *HNF*, auch fühlbar zu machen. In eben dieser „Faszination des Authentischen"[38] liegt die besondere Kraft des Museums. Übertragen auf das Museum bedeutet das zu Beginn bereits angesprochene lebenslange Lernen:

---

[37]Waidacher: allg. Museologie (wie Anm. 16), S. 27.
[38]Gottfried Korff: Lässt sich Geschichte musealisieren?, in: Deutscher Museumsbund e.V. [Hrsg.]: Museumskunde 60 (1995), S. 18–22, S. 18.

Wenn es akzeptiert wird, Bildung und Erziehung als freiwilligen kontinuierlichen und lebenslangen Vorgang zu begreifen, dann kann die Institution ‚Museum' auch verstanden werden als Angebot zur lebenslangen Selbsterziehung und Selbstbildung.[39]

Allerdings darf diese Erziehung nicht sich selbst überlassen werden. Die Museumspädagogik hat vielmehr den Auftrag, anregende Lernumgebungen und -situationen zu schaffen und zu organisieren. Werden Schüler ohne ein entsprechendes museumspädagogisches Programm in ein Museum geschickt, so irren sie oft ziellos umher oder boykottieren jegliche Erlebnismöglichkeiten, die das Museum bietet. Eine Führung durch das Museum als Leit- und Richtschnur ist neben gezielten Fragestellungen und Aufgaben ein unerlässliches Mittel, der im Museum erlebbaren Realität die notwendige Struktur zu geben. Selbstverständlich kann auch jede andere museumspädagogische Veranstaltung diese Führung ersetzen, wenn sie den Schülern hilft, Strukturen zu erkennen und einzuhalten. Welche museumspädagogischen Möglichkeiten das *Heinz Nixdorf MuseumsForum* zur Unterstützung des Lernerfolgs anbietet, wird in Kapitel 6 genauer erläutert.

Obwohl die Museumspädagogik ein unverzichtbarer Bestandteil eines jeden Museumsbesuchs im Rahmen einer Unterrichtsreihe sein sollte, verbleiben trotzdem wichtige Aufgaben, die diesen Besuch zu einer erfolgreichen Erfahrung machen, bei den Lehrern. Wird das Museum als Lernort innerhalb einer Unterrichtsreihe gezielt genutzt, so sind eine entsprechende Vor- und Nachbereitung des Besuchs im Unterricht absolut notwendig. Zumindest die groben Zusammenhänge müssen im vorangegangenen Unterricht thematisiert und erläutert werden. Selbst Schüler der Sekundarstufe II sind oft nicht in der Lage, die gesamte, ungefilterte Informations- und Erlebnisflut in einem Museum für sich selbst zu strukturieren. Dies kann zu Überforderung und Demotivation, im schlimmsten Fall sogar zum Nicht-Erreichen der Lernziele führen.

Die Verarbeitung der vielen Eindrücke und Informationen ist ein komplizierter und vielschichtiger Prozess. Unterschiedliche Rezeptionsgewohnheiten der Schüler entscheiden darüber, ob und wie der Inhalt der musealen Präsentation verstanden wird. Insbesondere die oftmals sehr unterschiedliche Sozialisation der Schüler stellt einen Faktor dar, der nicht unterschätzt werden darf. Die Wirkung eines Museumsbesuch hängt von genau dieser So-

---

[39]Diethard Herles: Das Museum und die Dinge. Wissenschaft, Präsentation, Pädagogik, Frankfurt/ Main: Campus Verlag, 1996, S. 230.

zialisation und den Rezeptionsgewohnheiten ab und kann, so Friedrich Waidacher, von den musealen Inhalten und ihrer Kommunikation kaum beeinflusst werden.[40] Heiner Treinen geht sogar noch einen Schritt weiter. Für ihn verlieren Museen ihren Status als Lernorte, sobald Einzelpersonen ungeführt und von museumspädagogischen Angeboten unberührt in ihnen „umherstreifen".[41] Nur für Gruppen, die im Museum ein gemeinsames Ziel verfolgen und diesen Besuch auch nachbereiten, ist es möglich, nachhaltige Erfahrungen zu sammeln:

> Uns scheint, als ob die Wirkung von Museumsbesuchen vorwiegend im Nachhinein stattfindet, also erst lange nachdem das Museum verlassen worden ist.[42]

Genau diese Nachbereitung muss daher im Unterricht stattfinden, um das Erlebte und Gesehene zu etwas Erlerntem zu wandeln. Anhaltspunkte für diesen Ablauf eines gelungenen Museumsbesuchs im Rahmen einer Unterrichtsreihe gibt der methodische Dreischritt von Burk und Claussen im Kapitel 5.3.

Es bleibt also festzuhalten, dass ein Museum aus der Perspektive des lebenslangen Lernens einen motivierenden, qualifizierten Lernort darstellen kann, sofern auf entsprechende Rahmenbedingungen geachtet wird. Zu diesen Rahmenbedingungen gehört neben Vor- und Nachbereitung und logistischer Organisation des Aufenthalts auch das museumspädagogische Angebot während des Besuchs.

3.4 Museumspädagogik

Nachdem in der Zeit der Renaissance und den darauf folgenden Jahrhunderten Wissen und Bildung für alle Schichten der Gesellschaft verfügbar gemacht wurden, ist das Museum heute zu einem Lernort für alle Alters- und Interessengruppen geworden. Von den vier klassischen Aufgaben eines Museums, nämlich sammeln, bewahren, forschen und ausstellen, hat sich der Schwerpunkt auf das *Bilden* verlagert. Trotz immenser Kunstschätze und einer riesigen Ausstellung ist ein Museum ohne pädagogisches Begleitkonzept heute nahezu obsolet. Nur mit speziellen museumspädagogischen Angeboten, die das Lernen im Museum unterstützen, können Museen heute die ihnen zuteil gewordenen Aufgaben erfolgreich erfüllen.

---

[40]Waidacher: allg. Museologie (wie Anm. 16), S. 219.
[41]Heiner Treinen zitiert nach ebd., S. 217.
[42]Heiner Treinen zitiert nach ebd., S. 219.

Obwohl Karl-Heinz Jacob-Friesen schon 1934 als Erster die Bezeichnung „Museumspädagogik"[43] nutzte, wurde sie erst in den 1960er Jahren durch eine Arbeitsgruppe des *Museums für Deutsche Geschichte* in Ostberlin wirklich populär. Hier zielte die Aufgabe des *Museumspädagogen* jedoch hauptsächlich auf die didaktisch aufbereitete Vermittlung der DDR-Ideologie. Zu diesem Zeitpunkt gab es in anderen Museen kaum eine Auseinandersetzung mit den aufkommenden Fragen der Musealität. Die neu aufkommende Museumspädagogik jedoch konnte Antworten auf einige dieser Fragen liefern und so auch außerhalb der DDR Fuß fassen. So war eine deutliche Ausdifferenzierung der einzelnen Museumsberufe notwendig, die zu einer *Professionalisierung* der musealen Konzepte führte. Viele Soziologen, Pädagogen, Historiker, Philosophen, aber auch Museologen und Ausstellungsmacher diskutierten über die veränderten Aufgaben des Museums. So ist es Aufgabe der Museumspädagogik, auf die sich verändernde Gesellschaft zu reagieren und diese Veränderung in die Konzepte der Museen zu integrieren. Die Museumspädagogik basiert zwar auf theoretischen Konzepten der allgemeinen Pädagogik, beinhaltet aber auch „museumsspezifische Formen, Methoden und Mittel für die Bildungs- und Erziehungsarbeit [im Museum]."[44]

Aber die Museumspädagogik befasst sich nicht nur mit der Konzeption und Vermittlung der musealen Inhalte, sondern ist viel ganzheitlicher zu sehen und zu verstehen. Louise Schmeer-Sturm beschreibt die Aufgaben der Museumspädagogik so:[45]

1. *Museumskunde:* Sammlung und Aufbereitung von Informationen technischer, rechtlicher, organisatorischer und wissenschaftlicher Art

2. *Museumspädagogische Forschung:* Besuchererforschung zum Zweck einer adressatenorientierten Präsentation der Exponate, Rezeptionsforschung, Theorie und Konzeptionen der Vermittlung

3. *Museumsdidaktik:* als konzeptionelle Ausstellungsdidaktik in der Weise, daß sich zwischen den ausgestellten Realien –

---

[43]Waidacher: allg. Museologie (wie Anm. 16), S. 112.

[44]Manfred Tripps: Museumspädagogik – Definition und Sinn, in: Hildegard Vieregg u. a. [Hrsg.]: Museumspädagogik in neuer Sicht. Erwachsenenbildung im Museum, Bd. 1, Baltmannsweiler: Schneider Verlag Hohengehren, 1994, S. 38 –41, S. 38.

[45]Marie-Louise Schmeer-Sturm: Museumspädagogik als Teilbereich der allgemeinen Pädagogik unter besonderer Berücksichtigung anthropologischer Aspekte, in: Hildegard Vieregg u. a. [Hrsg.]: Museumspädagogik in neuer Sicht. Erwachsenenbildung im Museum, Bd. 1, Baltmannsweiler: Schneider Verlag Hohengehren, 1994, S. 42 –48, S. 42.

in Bezug aufeinander – Bedeutungsräume, Bedeutungs-
zusammenhänge eröffnen, in denen die Objekte – jenseits
bloß formaler oder gattungslogischer Bestimmung [. . .] als
Lernensembles wirksam werden. [. . .]

4. *Museumspädagogische Praxis:* Angebote für Kinder und
Erwachsene, sich in Form von Führungen oder in tätiger
Aneignung mit den Exponaten auseinanderzusetzen, z.B.
didaktische Aufbereitung der Grundinformationen zu den
Exponaten für verschiedene Zielgruppen in Form von Füh-
rungskonzeptionen, von kommunikativen Führungen oder
Führungsgesprächen, Führungsblättern, Katalogen und
lehrplanorientierten Angeboten für die Schulen.

Man kann also konstatieren, dass ein modernes Museum ohne ein ausgereif-
tes museumspädagogisches Angebot seine Aufgaben in der Gesellschaft und
für die Mitglieder dieser Gesellschaft nicht ausreichend erfüllen kann. Ein
Beispiel erfolgreicher museumspädagogischer Arbeit im *Heinz Nixdorf MuseumsForum* findet sich in Kapitel 6.

4 Das Heinz Nixdorf MuseumsForum

4.1 Der Namensgeber

Das *Heinz Nixdorf MuseumsForum*
geht zurück auf die Initiative seines
Namensgebers Heinz Nixdorf, der am
9. April 1925 in Paderborn als Sohn von
Walter und Änne Nixdorf geboren wurde, jedoch seine ersten Lebensjahre in
Torgau in Sachsen verbrachte. Nachdem
die Familie Nixdorf 1931 nach Paderborn
zurückgekehrt war, besuchte Heinz Nixdorf die Volksschule. Da sich die Familie
Nixdorf den Besuch eines Gymnasiums

Abb. 4.1: Heinz Nixdorf

nicht leisten konnte, war Heinz Nixdorf froh, dass er ein Stipendium für die
Lehrer-Bildungsanstalt in Vallendar/ Rhein erhielt. Er wurde jedoch im Mai
1943 zum Reichsarbeitsdienst einberufen. Nach seiner Rückkehr im Jahre

20

1946 holte er am Reismann Gymnasium in Paderborn sein Abitur nach.[46]

Nach dem Abitur studierte Nixdorf Physik und Betriebswirtschaftslehre in Frankfurt am Main. Einen Abschluss erreichte er jedoch nie. Schuld daran war seine Begegnung mit dem Physiker Dr. Walter Sprick bei Remington Rand[47] im Jahr 1951. Von ihm erwarb Nixdorf die ersten Grundkenntnisse im Bau von elektronischen Rechnern. Sieben Monate später gab Nixdorf sein Studium auf und gründete am 1. Juli 1952 das *Labor für Impulstechnik* in Essen, das sich innerhalb weniger Jahre von einer Garagenfirma in einen der führenden Computerhersteller der Welt verwandeln sollte.

Nachdem er zunächst große Elektronenrechner auf Röhrenbasis entwickelt und gebaut hatte, baute Heinz Nixdorf seit Mitte der 1960er Jahre Computer, die die dezentrale Datenverarbeitung in kleinen und mittelständischen Unternehmen ermöglichten. Heinz Nixdorf gilt als Pionier der dezentralen Datenverarbeitung, da seine Firma den arbeitsplatz- bzw. anwenderorientierten Computereinsatz außerhalb von Großkonzernen erst ermöglichte.[48]

1968 erwarb Heinz Nixdorf die *Wanderer Werke AG* in Köln.[49] Er führte die *Wanderer Werke* und sein *Labor für Impulstechnik* zur *Nixdorf Computer AG*[50] zusammen. Bis zu seinem Tod im Jahr 1986 wuchs die Nixdorf Computer AG zu einem der größten Computerhersteller der Welt heran, die 1986 zusammen mit ihren Tochterfirmen ungefähr 25.500 Menschen in 44 Ländern beschäftigte und einen Jahresumsatz von über 4,5 Milliarden DM (ca. 2,3 Milliarden Euro) erzielte.

Trotz dieses schier unglaublichen Erfolgs blieb das größte und wichtigste Kapital der *NCAG* für Heinz Nixdorf immer der Mensch. Geprägt von der Arbeitslosigkeit und Armut seines Elternhauses war es Heinz Nixdorf immer

---

[46]vgl. Norbert Ryska/Margret Schwarte-Amedick: Heinz Nixdorf – Lebensbilder, Detmold: Merkur Druck, 2001, S. 8.

[47]Remington Rand: eine amerikanische Firma zur Herstellung von Computern (1927-1955). Erbauer der legendären UNIVAC I, die als Modell ebenfalls im *Heinz Nixdorf Museums-Forum* zu sehen ist.

[48]vgl. Klaus Kemper: Heinz Nixdorf – Eine deutsche Karriere, Landsberg/ Lech: Verlag Moderne Industrie, 2001, S. 14-22.

[49]Wanderer Werke AG: bis zum Ende des zweiten Weltkriegs Hersteller von Autos, Fahr- und Motorrädern, Rechen- und Schreibmaschinen (*Continental*). Nach der Enteignung der Produktionsstätten in Chemnitz 1946 Verlegung der Firmenzentrale nach München und Handel mit Fahrrädern und Mopeds. In den 1950er Jahren schrittweiser Zukauf der Exakta Büromaschinen GmbH in Köln und Umbenennung in Wanderer Werke AG. Im Zuge der raschen Veränderung der Computerindustrie Entwicklung eines elektronischen Taschenrechners für Wanderer durch Heinz Nixdorf. Als Folge steigenden wirtschaftlichen Drucks Verkauf der Büromaschinenproduktion an Heinz Nixdorfs Labor für Impulstechnik.

[50]Im Folgenden wird entsprechend der internen Nutzung im damaligen Unternehmen *Nixdorf Computer AG* als *NCAG* abgekürzt.

ein Bedürfnis, sein Firmenkapital zur Schaffung von Arbeitsplätzen und Ausbildung junger Menschen einzusetzen. So gründete er kurz vor seinem Tod mehrere Stiftungen, die heute auch das nach ihm benannte *Heinz Nixdorf MuseumsForum* im ehemaligen Verwaltungsgebäude an der Fürstenallee in Paderborn tragen.

4.2 Entstehung des Museums

Das *Heinz Nixdorf Museums-Forum* ist laut Eintrag im Guinness Buch der Rekorde mit über 6.000 Quadratmetern Ausstellungsfläche das größte Computermuseum der Welt.[51] Das *HNF* ist aber kein reines Computermuseum. Vielmehr ist es der Gattung der Technikmuseen zuzuordnen. Die Dauerausstellung des Museums nimmt den Besucher mit

Abb. 4.2: HNF, Außenansicht

auf eine Zeitreise durch die Informations- und Kommunikationstechnik, die, beginnend mit einer der ältesten mesopotamischen Steintafeln mit Schriftzeichen, 5.000 Jahre in die Vergangenheit reicht, die Mechanisierung der Informationsverarbeitung in der Frühen Neuzeit und das Computerzeitalter darstellt und nicht mit den neuesten technologischen Errungenschaften endet, sondern einen kleinen Ausblick in die nahe Zukunft der Informations- und Kommunikationstechnik wagt.

Eigentlich wurde das *Heinz Nixdorf MuseumsForum* von seinem Namensgeber Heinz Nixdorf initiiert. Im Jahre 1977 sollten zum 25-jährigen Jubiläum des Labors für Impulstechnik alte Nixdorf-Produkte restauriert und in einem kleinen Firmenmuseum gezeigt werden. Daraufhin wurde eine Sammlung historischer Schreib- und Rechenmaschinen erworben, die zusammen mit den restaurierten Nixdorf-Produkten den Grundstein für ein historisches Firmenmuseum bildeten. Die Idee Heinz Nixdorfs wurde Anfang der 1990er Jahre, nachdem er selbst 1986 plötzlich und unerwartet verstorben war, von

---

[51]Die Eintragungsurkunde liegt dem *HNF* vor.

der Stiftung Westfalen[52] weiterverfolgt. Am 26. Oktober 1996 wurde dann nach sechsjähriger Planungs- und Umbauphase das *HNF* im ehemaligen Verwaltungsgebäude der *Nixdorf Computer AG* an der Fürstenallee in Paderborn eröffnet. Die gemeinnützige *HNF Heinz Nixdorf MuseumsForum GmbH* wird seit ihrer Gründung durch die Stiftung Westfalen getragen. Dem Wunsch Heinz Nixdorfs entsprechend steht „im Mittelpunkt des *HNF* [. . .] der Mensch in seiner Beziehung zu Technik und Gesellschaft."[53]

Folgende Ziele für die Ausrichtung des *HNF* werden in der Beschlussvorlage für den Kultur-, den Haupt- und Finanzausschuss und den Rat der Stadt Paderborn vom 2. September 1990 formuliert:

> Das Computermuseum will einen Beitrag leisten zur gesellschaftlichen Aufklärung über das Thema Informationsverarbeitung und Datentechnik. Es will auf der Grundlage wissenschaftlicher Dokumentation einen Einblick geben in die Entwicklung der Computertechnik als einem wesentlichen Bestandteil unserer jüngeren Kulturgeschichte.[54]

Bereits der Name des *Heinz Nixdorf MuseumsForums* macht jedoch deutlich, dass das *HNF* außer einem Museum, das historische Exponate zeigt und so Technikgeschichte und ihre Auswirkungen auf Menschen, Gesellschaft und Kultur untersucht, auch noch ein *Forum* beherbergt. Die Bezeichnung *Forum* zielt hierbei viel eher auf die Vorstellung eines zentralen Platzes, auf dem das politische, wirtschaftliche und gesellschaftliche Leben stattfindet, als auf die altertümliche lateinische Übersetzung als Marktplatz, die viele Facetten des Forum Romanum als *Ur-Forum* nur unzureichend widerspiegelt. So ist das Forum des *HNF* auch Plattform für Vortragsreihen namhafter Wissenschaftler zu aktuellen gesellschaftlichen Themen, Diskussionsrunden, Tagungen und Workshops, die sich allesamt mit der Informationstechnik an sich, aber auch den daraus resultierenden Einflüssen auf Politik, Wirtschaft,

---

[52]Die *Stiftung Westfalen* und die *Heinz Nixdorf Stiftung* sind aus dem Nachlass von Heinz Nixdorf hervorgegangen und fördern insbesondere die berufliche Aus- und Weiterbildung auf dem Gebiet moderner Technologie sowie die Wissenschaft, insbesondere auf dem Gebiet der Informationstechnik. Das Vermögen der Stiftungen bestand ursprünglich aus von Heinz Nixdorf gehaltenen Stammaktien der *Nixdorf Computer AG*. Das derzeitige Stiftungsvermögen stammt aus der Veräußerung dieser Unternehmensbeteiligung. Die *Heinz Nixdorf Stiftung* und die *Stiftung Westfalen* gehören heute zu den großen privaten Stiftungen in Deutschland. vgl. hierzu: www.stiftung-westfalen.de, (besucht am 11.05.2010).

[53]Heinz Nixdorf MuseumsForum [Hrsg.]: Zielsetzung, www.hnf.de/Das_HNF/Zielsetzung.asp, (besucht am 11.05.2010).

[54]Rat der Stadt Paderborn: Beschlussvorlage vom 02.09.1990, Zwischenablage-Nr. 3803, Stadtarchiv Paderborn.

Gesellschaft und Kultur beschäftigen. So beschäftigte sich das 8. Paderborner Podium am 20. November 2008 mit der Verschiebung von Einflüssen von Staat, Eltern und Medien auf die Erziehung unserer Kinder. Diese besondere Ambiguität von *Museum* als Ort der klassisch-historischen Darstellung und *Forum* als Ort der Einordnung und Zukunftsorientierung dieser Darstellung, ermöglicht Besuchern eine intensivere und oftmals auch deutlichere Auseinandersetzung mit Technikgeschichte und ihren Auswirkungen auf das Leben jedes Einzelnen.

4.3 Konzeption

Die umfangreiche Sammlung des *Heinz Nixdorf MuseumsForums* umfasst zur Zeit weit mehr als 5.000 Objekte der Schreib-, Rechen- und Bürotechnik, wozu auch die Computertechnologie zählt. Etwa 2.000 Exponate befinden sich ständig in der 6.000 Quadratmeter großen Dauerausstellung. Hierzu zählen einige weltweit einzigartige Exponate, die durch Mitarbeiter des *HNF* restauriert oder anhand historischer Dokumente nachgebaut wurden.[55]

Das *Heinz Nixdorf MuseumsForum* versteht seine Dauerausstellung und deren Inhalte als universellen, ganzheitlichen Ansatz. Es definiert sich selbst als Technik- und zugleich Computermuseum. So spielt die Präsentation von Computern, obwohl das *HNF* das größte Computermuseum der Welt ist, in

Abb. 4.3: Wolfgang von Kempelens Schachtürke. Nachgebaut vom HNF.

der Dauerausstellung nur eine vergleichsweise kleine Rolle. Für das *HNF* ist die Entwicklung des Computers nur ein sehr kleiner Baustein in der Entwicklung der Informations- und Kommunikationstechnologie- sie ist lediglich ein kleiner Teil der Technikgeschichte. Die Dauerausstellung setzt daher auch nicht erst mit dem Beginn des Computerzeitalters im 20. Jahrhundert ein, sondern widmet der Geschichte von den ersten beschriebenen Steintafeln in Mesopotamien um 3.000 vor Christus bis zum 20. Jahrhundert das komplette erste Obergeschoss und damit die Hälfte der Dauerausstellung. Ohne Computer wären viele, wenn nicht gar die meisten, Abläufe in unserer heu-

---

[55]Hierzu zählt vor allem der sogenannte Schachtürke Wolfgang von Kempelens aus dem 18. Jahrhundert, der in über einjähriger Arbeit im *HNF* rekonstruiert wurde.

tigen Gesellschaft schwer vorstellbar oder gar unmöglich. Dies und die unglaublich rasante Entwicklung von Computern und Elektronik in den letzten Jahren und damit einhergehender Preisverfall und *Überflutung* des Privatkundenmarktes lassen viele Menschen vergessen, dass die Maschine *Computer* nicht eines Tages einfach da war, sondern seine Erschaffung erst durch eine immer effektivere und intensivere Nutzung der Jahrtausende alten Kulturtechniken des Lesens, Schreibens und Rechnens möglich und notwendig wurde. Heute stellt der Computer eine *Universalmaschine* dar, die diese alten Kulturtechniken und viele weitere kulturelle Errungenschaften wie zum Beispiel das Post- und Telefonwesen und gar Bibliotheken vereint. Deshalb hat das *HNF* es sich selbst zur Aufgabe gemacht, die Prozesse, die zu dieser Entwicklung geführt haben, deutlich zu machen:

> Welche zuweilen skurrilen und abenteuerlichen Umwege die Geschichte dabei ging, wie Personen und Ideen, Soziales, Politik, Wissenschaft und Wirtschaft diese Wege beeinflußten, und vor allem wie die Geschichte des Computers das Leben der Menschen verändert und geprägt hat – all dies sind Facetten der Ausstellung.[56]

Anstelle einer detaillierten Beschreibung der Ausstellungsbereiche möchte ich hier nur einen kurzen Überblick geben und die im „HNF–Wegweiser"[57] abgedruckten grafischen Übersichten anführen, die eine deutlich bessere Erschließung von Inhalten und Kontexten der Dauerausstellung ermöglichen. Danach befasse ich mich kurz mit der Konzeption der Ausstellung.

---

[56] Heinz Nixdorf MuseumsForum [Hrsg.]: HNF – Mehr als das größte Computermuseum der Welt in Paderborn, Paderborn 1999, S. 8.
[57] Ders. [Hrsg.]: HNF – Wegweiser, Paderborn 2004.

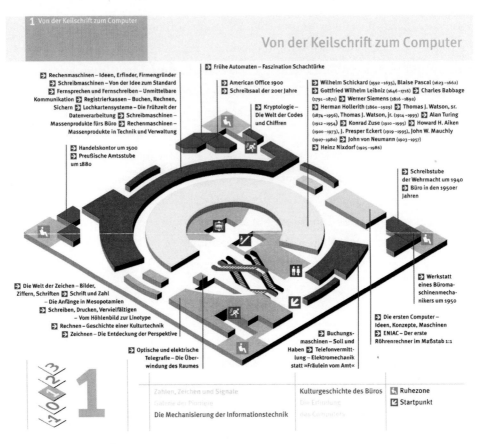

Abb. 4.4: Übersicht 1. OG im HNF: „Von der Keilschrift zum Computer"

Die Dauerausstellung des *HNF* ist aufgeteilt auf zwei Geschosse des Gebäudes:

> In der ersten Ausstellungsetage wird in drei parallelen Ansätzen die Entwicklung der Kulturtechniken des Rechnens, Schreibens und Zeichnens bis hin zur Erfindung des ersten Computers verfolgt. Der in der Mitte des Raumes verlaufende Rundgang ist der Geschichte der technischen Innovationen und ihrer Umsetzung in industrielle Produkte gewidmet. Er gliedert sich in die Bereiche ‚Zahlen, Zeichen und Signale', ‚Die Mechanisierung der Informationstechnik' und ‚Die Erfindung des Computers'.

Das zweite Stockwerk knüpft mit der Darstellung von Entwicklung, Verbreitung und Anwendung der elektronischen Datenverarbeitung thematisch an das erste Obergeschoss an. Die letzten 50 Jahre der Entwicklung der Informations- und Kommunikationstechniken entfalten sich im Raum und vermitteln ein Gefühl

26

für die immer schnellere zeitliche Abfolge der technischen Innovationen.[58]

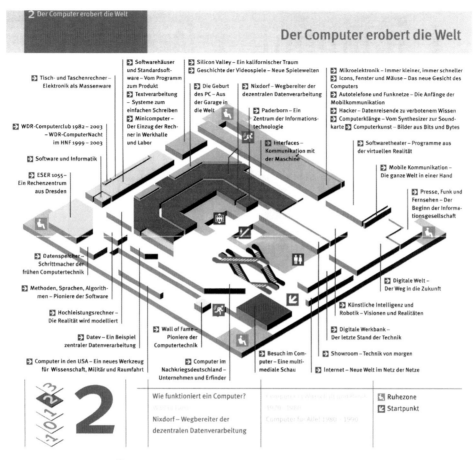

Der Computer erobert die Welt

Abb. 4.5: Übersicht 2. OG im HNF: „Der Computer erobert die Welt"

Diese Übersichten machen deutlich, dass die Dauerausstellung des *HNF* angelegt wurde mit dem Ziel, „einen Eindruck der historischen Entwicklung der Informationstechnik"[59] von den ersten Schriftzeichen auf Tontafeln bis hin zur Gegenwart zu vermitteln. Es handelt sich bei dem ehemaligen Verwaltungsgebäude der *NCAG*, in dem sich heute das *HNF* befindet, um ein Stahlträgerbauwerk mit vollverglaster Front und frei aufteilbarem Innenraum. So spiegeln die Transparenz und offene Präsentation der Exponate optimal die

---

[58]Heinz Nixdorf MuseumsForum [Hrsg.]: Dauerausstellung, http://www.hnf.de/Dauerausstellung/1._Obergeschoss/ und http://www.hnf.de/Dauerausstellung/2._Obergeschoss/, (besucht am 11. 05. 2010).

[59]Ludwig Thürmer/Gerhard Diel [Hrsg.]: Die Entstehung des Heinz Nixdorf MuseumsForums. Architektur und Design an der Schnittstelle von Mensch und Technik, Berlin: Ruksaldruck, 1996, S. 32.

Innen- und Außenarchitektur wider. Diese transparente Innenarchitektur soll eine „Topologie schaffen, die die Dramaturgie der Ausstellung unterstützt".[60] Auch der Aufbau und die Gestaltung der Vitrinen, Beleuchtung und Anordnung der Exponate zeigen diese offene Gestaltung. Dadurch wird auch eine schnelle und unkomplizierte Modifikation der Ausstellungsbereiche, insbesondere des Sonderausstellungsbereichs im dritten Obergeschoss, ermöglicht. Allerdings erfordert diese offene Gestaltung auch den besonderen Einsatz von Medien, die den Besucher durch die Ausstellung leiten. Hierzu setzt das *HNF* neben multimedialen Präsentationen auch auf Großbücher und Exponate zum Anfassen. Der Medieneinsatz im *HNF* wird in Kapitel 4.4 näher beleuchtet.

Wie in Abbildung 4.4 zu erkennen ist steht das erste Obergeschoss unter dem Leitsatz „Von der Keilschrift zum Computer". Hierbei wurde ein besonderes Augenmerk auf die *Galerie der Pioniere* gelegt, die in einzelnen Kabinen exemplarisch 15 Erfinder, Wissenschaftler und Unternehmer aus der Entwicklungsgeschichte der Informationstechnik vor der Erfindung des Computers zeigt. Neben dem Leben und Werk der einzelnen Pioniere finden sich auch jeweils *kulturhistorische Kaleidoskope*, die die Pioniere in ihre historische Umgebung und deren Hintergründe einordnen. Diese kompakt gehaltene Galerie wird von korrespondierenden Exponaten der jeweiligen Epochen flankiert. In den Ecken der nach außen hin offener werdenden Ausstellungsinszenierungen finden sich sechs Ausstellungsbereiche zur Kulturgeschichte des Büros. Besucher der Ausstellung haben die Möglichkeit, diese unterschiedlichen Ausstellungsbereiche über verschiedene Leitgedanken zu erforschen. So ist es neben biographischen und sozial- oder kulturgeschichtlichen Zugängen auch möglich, wirtschaftliche oder technische Aspekte oder die Alltagsgeschichte der verschiedenen Epochen zu erfahren. Das erste Obergeschoss gibt also einen historischen Überblick über die Entwicklung der unterschiedlichen Kulturtechniken, die zur Entwicklung des Computers geführt haben und die dieses, aus unserem heutigen Leben nicht mehr wegzudenkende, technologische Produkt erst möglich gemacht haben.

Nachdem im ersten Obergeschoss die Entwicklung der *Universalmaschine Computer* den Abschluss bildet, steht das zweite Obergeschoss unter dem Motto „Der Computer erobert die Welt".[61] Dieser Teil der Ausstellung befasst sich mit der Entwicklung des Computers in den vergangenen Jahrzehnten. Er

---

[60]Thürmer/Diel [Hrsg.]: Entstehung des HNF (wie Anm. 59), S. 52.
[61]Siehe Abbildung 4.5.

zeigt, wie der Computer immer neue Bereiche des alltäglichen Lebens durch-
dringt und von sich abhängig macht. Im Gegensatz zu den runden und ellip-
tischen Formen im ersten Obergeschoss herrscht nun in der Architektur die
Form des Rechtecks vor, die die Digitalisierung und damit das Anpassen der
Welt an digitale Signale, die lediglich aus Nullen und Einsen bestehen, sym-
bolisiert. Nach einem *Update*[62] der Ausstellungsbereiche im zweiten Obergeschoss im Jahr 2004 nehmen nun die Exponate der *NCAG* zugunsten aktueller Entwicklungen im Hightech-Bereich weniger Raum ein. Begrüßt wird der
Besucher von einem Modell des Moore'schen Gesetzes, das die Entwicklung
der Rechenleistung von Computern verdeutlicht. Dem Besucher wird deutlich

gemacht, dass sich die Größe
von Computerchips bei gleicher
Rechenleistung alle 2 Jahre hal-
biert. Der Rundgang zeigt nun
in chronologischer Reihenfolge
eine Bandbreite verschiedener Themen wie Computer im
Nachkriegsdeutschland, Computern in der Raumfahrt und
den 1960er Jahren in den USA,
Computertechnologie in der

Abb. 4.6: Installation: Das Moore'sche Gesetz.

DDR, die Entwicklung des PCs und der Mikroelektronik bis hin zu Technologien der Künstlichen Intelligenz und Robotik. In Analogie zur *Galerie
der Pioniere* im ersten Obergeschoss findet sich im zweiten Obergeschoss
die *Wall of Fame* für Pioniere der Computertechnik. In dieser multimedialen
Installation werden Einblicke in Leben und Werk von 152 herausragenden
Persönlichkeiten rund um die Entwicklung des Computers gegeben. Neben
vielen Pionieren der Firmen IBM, Microsoft, Bell Labs, Intel, Apple, Sun oder
Hewlett Packard sind auch einige noch lebende Persönlichkeiten vertreten.
Am Ende des Rundgangs findet der Besucher die *Digitale Werkbank*, an der
er selbst aktiv werden und neueste Softwareprodukte ausprobieren kann.
Im Hintergrund der *Digitalen Werkbank* befindet sich eine *Internet-Wand*,
die den Ursprung, den Aufbau und die Entwicklung des Mediums Internet
verdeutlicht.

Um die Abhängigkeit und den unmittelbaren Zusammenhang aller Exponate zu verdeutlichen sind alle Ausstellungsstücke ausnahmslos mit speziell

---

[62]Das *HNF* nutzt die Bezeichnung *Update* für die Umgestaltung des zweiten Obergeschosses
in Anlehnung an den Gebrauch in der elektronischen Datenverarbeitung.

entwickelten, einheitlichen Exponatschildern versehen.[63] Diese Schilder ordnen das Exponat in seinen zeitlichen Zusammenhang ein, geben technische Daten und Informationen zur Funktion und erläutern die Herkunft. Die einzelnen Exponate sind in im Boden verankerten Vitrinen untergebracht, die je nach Bedarf durch abgehängte Grafiktafeln, Multimedia-Terminals oder Funktionsmodelle erweitert werden. Die Grafiktafeln zeigen weitere Informationen zum Objekt oder Bilder aus der Originalumgebung, um die Objekte in die entsprechenden Kontexte einzubinden und so eine umfassende Erfahrung zu ermöglichen.

4.4 Medieneinsatz im HNF

Die historische Aussagekraft eines Exponats und seine Originalumgebung lassen sich ohne weitere Informationen oft nicht vermitteln oder erfassen, daher ist es notwendig, diese Einordnung in den Kontext durch zusätzlichen Medieneinsatz zu unterstützen, wenn eine nachhaltige Erinnerung geprägt werden soll. In seiner Eigenschaft als Computer- und Technikmuseum hat die Dauerausstellung des *HNF* diese zusätzlichen Informationen besonders nötig, da viele Exponate ohne Einordnung in Zusammenhänge ihre Aussagekraft nahezu komplett verlieren. Aus diesem Grund wurde bereits bei der Planung der Dauerausstellung des *HNF* ein besonderes Augenmerk auf die

Abb. 4.7: Erweiterte Exponatinformationen durch Medieneinsatz

multimediale Unterstützung der Exponate gelegt. Hierzu werden, wie es der Begriff *multimedial* bereits sagt, eine Vielzahl verschiedener Medien an verschiedenen Stellen der Ausstellung eingesetzt.

Diese Medien lassen sich in zwei Gruppen unterteilen. Zum einen handelt es sich um rezeptive Medien, deren Informationskanal lediglich in eine Richtung funktioniert und bei denen der Nutzer lediglich Informationen aufnimmt. Das heißt es findet kein Austausch von Informationen statt.

---

[63]vgl. Thürmer/Diel [Hrsg.]: Entstehung des HNF (wie Anm. 59), S. 68.

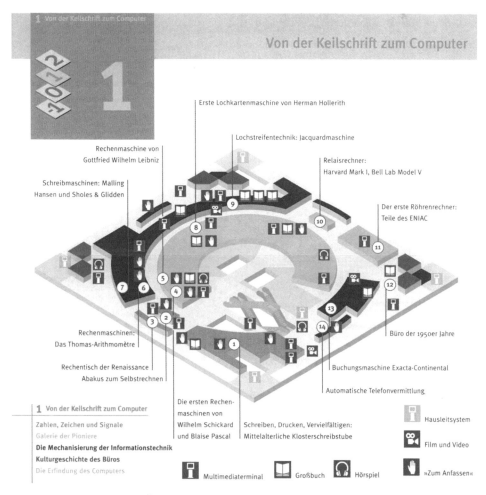

Abb. 4.8: Übersicht 1. OG im HNF: Interaktiver Rundgang

Wie Abbildung 4.8 zeigt, setzt das *HNF* Videofilme, Hörspiele und Großbücher ein. Bei diesen Großbüchern handelt es sich um laminierte Bücher im Großformat, die an feststehenden Lesepulten befestigt sind. Sie erweitern die Informationen, die bereits auf den Exponatschildern und Wandtexten gegeben werden. Sie bieten dem Nutzer also die Möglichkeit, sich weitere Hintergrundinformationen *anzulesen*. Hierdurch ist es möglich, die Exponatschilder einheitlich zu halten und Zusatzinformationen auszulagern.

Neben diesen rezeptiven Medien werden in der Dauerausstellung interaktive Medien eingesetzt. Diese interaktiven Medien, die zumeist in Form von *Multimedia-Terminals* eingesetzt werden, vereinen computergestützt verschiedene Medien wie Bild und Ton.

Gegenüber anderen, herkömmlichen Medien bieten computergestützte Medien Optionen zu Aktion und Reaktion durch den

Benutzer. Dies bezieht sich auf die prinzipiellen Möglichkeiten des Benutzers in den Programmverlauf einzugreifen, sowie auf programmtechnische Reaktionen, wodurch sich eine Reihe von Eingriffs- und Steuermöglichkeiten eröffnen. Diese mediale Eigenschaft wird mit dem Begriff ‚Interaktivität' oder dem Attribut ‚interaktiv' bezeichnet, so daß computergestützte Medien auch als ‚interaktive Medien' bezeichnet werden.[64]

Abb. 4.9: Großbuch im HNF

Abb. 4.10: Multimedia-Terminal

Diese Multimedia-Terminals sind mit berührungsempfindlichen Bildschirmen, sogenannten *Touchscreens*, ausgestattet, die eine Bedienung der Terminals ohne Maus oder Tastatur erlauben, da Eingaben und Auswahlen direkt auf dem Bildschirm getätigt werden. Zu den besonders interessanten Multimedia-Terminals gehört der *Abakus* zum Selbstrechnen. Bei diesem Terminal ist über der chinesischen Rechenmaschine *Abakus*[65] eine Videokamera angebracht, die mit dem Terminal verbunden ist. Das Terminal wiederum ist mit einer Bilderkennungssoftware ausgestattet, die die Stellung der Kugeln auf dem Abakus erkennen und deuten kann. So kann der Besucher sich an dem Terminal die Funktion des Abakus genau erklären lassen, sich Rechenaufgaben stellen und bei der Lösung der Aufgaben mit Hilfe des Abakus vom Computer unterstützen lassen. Es werden also komplexe, in Text- oder Bildform kaum vermittelbare Inhalte grafisch, akustisch und haptisch dargestellt, um sie leicht verständlich zu machen und dem Nutzer die Möglichkeit zu geben, sich selbst in die Zeit des chinesischen Abakus' zurückzuversetzen.

Eine Sonderstellung in der Medienvielfalt des *HNF* nimmt die *Automatische Telefonvermittlung* ein. Der Besucher findet am Ende des ersten Obergeschosses das *Hub-Dreh-Wähler-System S50* und das *Wählsystem 55*, die die

[64]Helmut Meschenmoser: Lernen mit Medien, Baltmannsweiler: Schneider Verlag Hohengehren, 1999, S. 43.
[65]Ein Ausschnitt des Terminals ist in Abbildung 6.3 zu sehen.

Deutsche Bundespost seit den 1950er Jahren im Bereich des *Selbstwahlfernsprechnetzes* einsetzte.

Vor der Telefonwand findet der Besucher Telefone aus verschiedenen Epochen, die mit der Telefonwand verbunden sind. Der Besucher kann also von einem Telefon mit Hilfe der automatischen Vermittlung der Wand die anderen Telefone anrufen. Der Besucher kann nach dem Abheben des Hörers genau beobachten, wie sich die Hub-Dreh-Wähler in Bewegung setzen, sobald eine Num-

Abb. 4.11: Automatische Telefonvermittlung

mer gewählt wird. So kann der Besucher optisch, akustisch und haptisch erforschen, wie über viele Jahrzehnte die automatische Telefonvermittlung funktioniert hat. Bei dieser Telefonwand handelt es sich also um die Mischung eines Originalexponates mit einem analogen Medium.

Obwohl die Dauerausstellung des *HNF* für seine Besucher multimedial aufbereitet und so viele Informationen *erlebbar* gemacht wurden, muss bei einem Einsatz im Rahmen einer Unterrichtsreihe natürlich trotzdem noch eine entsprechende Vor- und Nachbereitung im Klassenunterricht erfolgen, um ein nachhaltiges Lernerlebnis zu erreichen.

5 Besuch außerschulischer Lernorte

Ein Unterrichtsgang wie der Besuch eines Museums ist sowohl in der Planung als auch in der Durchführung ein komplexes Handlungsfeld. Es gilt nicht nur, den rechtlichen Rahmen zu beachten und Organisatorisches vorher mit den Schülern zu besprechen. Ein Unterrichtsgang ist nur dann sinnvoll, wenn er methodisch und didaktisch in die entsprechende Unterrichtsreihe eingebettet und ausreichend vor- und nachbereitet wird. Außerdem stellt ein Unterrichtsgang natürlich nicht die Lösung aller pädagogischen oder didaktischen Probleme in einer Unterrichtsreihe dar. Wir müssen uns bewusst sein, dass der Besuch eines Museums durchaus Probleme aufwerfen kann, die im regulären Unterrichtsgeschehen nicht auftreten würden. Außerdem dürfen wir nicht vergessen, dass der Besuch eines außerschulischen Lernorts auch methodische und didaktische Grenzen hat und nicht in jeder Unterrichtseinheit sinnvoll durchzuführen ist.

5.1 Rechtliche Aspekte und Grundlagen

Bei Besuchen von außerschulischen Lernorten wie etwa Museen handelt es sich um sogenannte sonstige verbindliche Schulveranstaltungen, sofern diese Besuche im Rahmen des Unterrichts stattfinden. Das bedeutet, dass Schüler an ihnen genau wie am normalen Unterrichtsgeschehen teilnehmen müssen, sofern sie schulpflichtig sind. Sollten sich Beginn oder Ende des Unterrichts aufgrund dieser Veranstaltung deutlich verschieben sind die Erziehungsberechtigten rechtzeitig zu informieren. Sollte ein Schüler aus gesundheitlichen oder anderen zwingenden Gründen nicht an der Veranstaltung teilnehmen können, ist genauso zu verfahren wie beim normalen Unterrichtsgeschehen: die Eltern oder Erziehungsberechtigten haben also die Schule rechtzeitig vorher zu informieren. Sollte ein Schüler aufgrund von körperlichen Beeinträchtigungen nicht an der Veranstaltung teilnehmen können, so kann er vom entsprechenden Fachlehrer von der Teilnahmepflicht entbunden werden. Dieser Lehrer entscheidet ebenfalls, ob der Schüler in der Zeit der Veranstaltung zur Teilnahme am regulären Unterricht verpflichtet wird.[66]

Der Lehrer sollte, insbesondere dann, wenn durch den Besuch eines außerschulischen Lernorts anderer Fachunterricht ausfallen muss, genauestens prüfen, ob der Besuch dieses Lernortes notwendig und sinnvoll ist.

Die Aufsichtspflicht des Lehrers ist eine der zentralen rechtlichen Fragen beim Besuch eines außerschulischen Lernorts. Die Rahmenbedingungen der Aufsichtspflicht sind festgelegt im Runderlass des Ministeriums für Schule und Weiterbildung[67]. Es gilt folgender Grundsatz: „Die Aufsichtspflicht der Schule erstreckt sich auf die Zeit, in der die Schülerinnen und Schüler am Unterricht oder an sonstigen Schulveranstaltungen teilnehmen."[68] Daher obliegt die Aufsichtspflicht auf dem Weg zu außerschulischen Lernorten und gegebenenfalls auch auf dem Rückweg zum Schulgelände dem Lehrer. Allerdings dürfen diese Wege von Schülern der Sekundarstufen I und II ohne Begleitung eines Lehrers zurückgelegt werden, wenn keine besonderen Gefahren zu erwarten sind[69]. Ebenfalls entfällt die Aufsichtspflicht des Lehrers, wenn die Schüler den außerschulischen Lernort direkt von zuhause erreichen sollen (zu Beginn des Unterrichts) oder wenn die Schüler direkt nach Hause entlas-

---

[66]vgl. Ministerium für Schule und Weiterbildung des Landes Nordrhein-Westfalen [Hrsg.]: Bereinigte Amtliche Sammlung der Schulvorschriften 2009/2010, Düsseldorf/ Frechen: Ritterbach Verlag, 2009, Kapitel 12-52/13, Abs. 2.

[67]vgl. ebd., Kapitel 12-08.

[68]Ebd., Kapitel 12-08/1, Abs. 1.

[69]vgl. ebd., Kapitel 12-08/1, Abs. 2.

sen werden (zum Ende des Unterrichts) für die entsprechende Wegstrecke. Auch hier gilt es jedoch zu beachten, dass die Aufsichtspflicht normalerweise zusätzlich 15 Minuten vor Beginn und nach Ende des Unterrichts umfasst.

5.2 Didaktische Einordnung

Der Besuch eines außerschulischen Lernorts kann innerhalb einer Unterrichtsreihe verschiedene Funktionen einnehmen. Je nachdem welche Funktion dieser Besuch haben soll, ist es sinnvoll, den Besuch zu Beginn, in der Mitte oder zum Abschluss beziehungsweise zur Auswertung einer Unterrichtsreihe einzusetzen.

5.2.1 Besuch als Einstieg in eine Unterrichtsreihe

Der Besuch eines außerschulischen Lernortes wurde schon von vielen Reformpädagogen gern als Einstieg in eine Unterrichtsreihe genutzt.

> Das Arbeitsprinzip verlangt vom Erzieher, dass er die Kinder den Unterrichtsstoff in weitgehendstem Maße selber erleben und erarbeiten lässt und sie so zu möglichst selbständigem Schaffen heranzieht. Wenn dem so sein soll, so darf der Lehrende dem Lernenden nichts vorwegnehmen, nichts mitteilen, was dieser selbstständig finden kann.[70]

Die Aufgabe der Schüler sollte hier insbesondere das selbstständige Stellen von Fragen an den außerschulischen Lernort sein. Ebenso sollten so Vorkenntnisse und eine eventuell notwendige Aufarbeitung alten Unterrichtsstoffes bedacht werden und eine gemeinsame Basis für die folgende Unterrichtsreihe bestimmt werden. Insbesondere im Bereich der Naturwissenschaften ist diese Form des Einstiegs in eine Unterrichtsreihe sowohl für Lehrer wie auch Schüler sehr fruchtbar. Viele naturwissenschaftliche Phänomene lassen sich in der unmittelbaren Umgebung des Schulgeländes oder gar auf dem Schulhof erleben. Dies erfordert keine langwierige Vorbereitung einer Anreise und generiert keine weiteren damit verbundenen Probleme wie Unterrichtsausfall in anderen Fächern. „Lernorte in der Natur und auf den Straßen dürften besonders geeignet sein, dass vor jeder Problematisierung

---

[70]O. Gremminger nach: Karlheinz Burk/Claus Claussen: Zur Methodik des Lernens außerhalb des Klassenzimmers, in: Karlheinz Burk/Claus Claussen [Hrsg.]: Lernorte außerhalb des Klassenzimmers II. Methoden – Praxisberichte – Hintergründe, Frankfurt/ Main: Arbeitskreis Grundschule e.V., 1981, S. 18–45, S. 23.

zunächst ein Unterrichtsgang vorgenommen wird", meinen auch Burk und Claussen.[71] Allerdings kann auch das Museum durchaus als Ort des Einstiegs in eine neue Unterrichtsreihe dienen. Hier bietet das *Heinz Nixdorf Museums-Forum* durch den Aufbau und die Bandbreite seiner Ausstellung Möglichkeiten, die in anderen Museen oftmals nicht zur Verfügung stehen. So lassen sich die unterschiedlichen Kulturtechniken in der Dauerausstellung als Ganzes oder nur bestimmte Ausschnitte genauer untersuchen. Diese Fokussierung auf bestimmte Themenbereiche unterstützt das *HNF* durch *Themenführungen*. In diesen Spezialführungen werden ganz bestimmte Themenbereiche, für die häufig das Museum als Lernort benutzt wird, genauer betrachtet.

Viele der museumspädagogischen Angebote eignen sich ebenfalls gut, um die Schüler in eine neue Thematik einzuführen, da sie jeweils in sich geschlossene pädagogische Konzepte verfolgen. Allerdings bleibt zu beachten, dass einige der sogenannten *Workshops* sich nur bedingt für den Besuch durch Grundschüler eignen, da sie Grundfertigkeiten wie Lesen, Schreiben, Rechnen oder ein gewisses technisches Grundverständnis erfordern.

Natürlich besteht auch die Möglichkeit, den Besuch und damit den Einstieg in die Unterrichtsreihe noch genauer zu steuern. Hierzu können Schulklassen die Dauerausstellung auch ohne gleichzeitige Buchung einer Führung besuchen. Hat der Lehrer genaue Vorstellungen, welche Fragen durch den Besuch aufgeworfen werden sollen und kennt er selbst die Ausstellung in ausreichendem Maße, so kann er die Gruppe führen. Auf diese Weise kann er genau die benötigten Objekte oder Texttafeln ansteuern und so seine Gruppe gezielter lenken als dies einem Museumsführer, der weder Klasse noch die genaue Zielsetzung der Unterrichtsreihe kennt, möglich wäre.

Selbstverständlich erfordert ein Besuch im Museum, wie bereits gesagt, eine genaue und gezielte Aufarbeitung des Gesehenen und Erlebten im Lauf der folgenden Unterrichtsreihe.

5.2.2 Besuch eingebettet in eine Unterrichtsreihe

Wird der Besuch eines außerschulischen Lernorts in eine Unterrichtsreihe eingebettet, so ist dies sicherlich mit einem deutlichen Mehraufwand an Planung und Vorbereitung durch den Lehrer verbunden als die Nutzung zum Einstieg in eine Unterrichtsreihe. Burk und Claussen fassen diese Überlegungen im *methodischen Dreischritt* von Vorbereitung auf das Lernen *vor Ort*, handelnder Auseinandersetzung mit dem Lernort und Auswertung der Ein-

---

[71]Burk/Claussen: Methodik des Lernens (wie Anm. 70), S. 24.

drücke, Erlebnisse und Erfahrungen zusammen[72].

So ist es unabdingbar, dass vor dem Besuch des Lernortes eine Vorbereitungsphase stattfindet, in der das Vorwissen der Schüler ausgelotet und von den Schülern Fragen an den Lernort formuliert werden. Nur so ist es möglich, mit dem geweckten Interesse die Beobachtungen der Schüler auf die für die Unterrichtsreihe relevanten Details zu fokussieren.

An den Besuch des Lernortes muss sich selbstverständlich eine Reflexions- oder Auswertungsphase anschließen, in der über die Erlebnisse und Erfahrungen der Schüler gesprochen wird und die gesammelten Eindrücke und Erfahrungen gesichert werden. Die einzelnen Schritte werden in Kapitel 5.3 genauer betrachtet und erläutert.

Für diese Form der Nutzung eines außerschulischen Lernorts eignet sich das *HNF* ebenfalls sehr gut. Bringen die Schüler bereits ein Vorwissen und gezielte Fragen mit, so ist der Besuch der Dauer- oder einer entsprechenden Sonderausstellung ein guter Weg, die theoretisch erworbenen Kenntnisse an Realobjekten zu vertiefen und so zu lernen, dass Schule nicht losgelöst von der Gesellschaft stattfindet, sondern so weit wie möglich ist auf die Wirklichkeit vorbereiten will. Die Dinge, die vorher zweidimensional in ein Druckraster gepresst waren, um ein Buch zu füllen, erhalten ihre dritte Dimension[73]. Die Lernobjekte werden durch die Ausstellungsobjekte materiell und erhalten ihre eigene *Aura*, die die Sicherung des Erlebten vereinfacht und damit die Nachhaltigkeit des Gelernten deutlich verbessert.

5.2.3 Besuch als Abschluss einer Unterrichtsreihe

Der Besuch eines außerschulischen Lernorts eignet sich auch als Abschluss einer Unterrichtsreihe. So werden Ergebnisse gesichert, indem das Gelernte in Bezug zur Wirklichkeit gesetzt und in dieser Wirklichkeit angewandt wird. Den Schülern wird deutlich gemacht, dass Schule nicht ohne Bezug neben der Lebenswirklichkeit der Schüler koexistiert, sondern dass Schule versucht, im Rahmen ihrer Mittel möglichst erfolgreich auf eben diese Lebenswirklichkeit vorzubereiten.

Allerdings lässt man beim Besuch eines Lernorts als Abschluss einer Unterrichtsreihe den wichtigen Faktor der Motivation ungenutzt. Das Besondere des außerschulischen Lernorts ist dann nicht mehr in der Lage, Interesse,

---

[72]vgl. Burk/Claussen: Methodik des Lernens (wie Anm. 70), S. 26.

[73]vgl. Ernst Wagner: Warum Schule und Museum nicht zusammenpassen und warum sie es trotzdem miteinander versuchen sollten, in: Deutscher Museumsbund e.V. [Hrsg.]: Museumskunde 74 (2009), S. 50–52, S. 50.

Fragen oder Motivation zur Problemlösung zu generieren. Daher sollte ein solcher Besuch zum Abschluss einer Reihe eine Ausnahme darstellen.

5.3 Der methodische Dreischritt

Damit eine Unterrichtsreihe den gewünschten Lernerfolg bietet und somit als erfolgreich angesehen kann, ist es notwendig, dass die entsprechenden Aufgabenstellungen und Lerntätigkeiten methodisch und didaktisch miteinander in Einklang gebracht werden. Dies ist insbesondere notwendig, wenn ein außerschulischer Lernort innerhalb einer Unterrichtsreihe oder -sequenz besucht werden soll. Paradoxerweise sollen Schüler ja gerade wegen der Unnatürlichkeit der Schule an außerschulischen Lernorten lernen, aber weil diese Erfahrungen in der Wirklichkeit so komplex und verwirrend sein können, ist es notwendig, diese Erfahrungen in der Schule vor- oder nachzubereiten. Hierzu schlagen Burk und Claussen den sogenannten methodischen Dreischritt vor:[74]

1. Vorbereitung auf das Lernen *vor Ort*

2. handelnde Auseinandersetzung mit dem Lernort

3. Auswertung der Eindrücke, Erlebnisse und Erfahrungen

Diese einzelnen Schritte werden im folgenden genauer betrachtet und erläutert.

5.3.1 Vorbereitung auf das Lernen vor Ort

Bevor der außerschulische Lernort besucht werden kann, sind eine ganze Reihe von Vorbereitungen notwendig. Burk und Claussen legen hierbei ein besonderes Augenmerk auf die methodische und didaktische Vorbereitung des Lernens vor Ort.[75] Ich möchte jedoch zuerst die organisatorische Vorbereitung näher betrachten, da diese auch in der Sekundarstufe II in den meisten Fällen beim (Fach-)Lehrer verbleibt. So wird sich wahrscheinlich kaum innnerhalb einer Unterrichtsreihe die Frage stellen, ob der Besuch eines außerschulischen Lernorts sinnvoll ist, sondern vielmehr wird der Lehrer bereits vorher über die Einbindung eines solchen Besuchs in die Reihe nachgedacht haben. Hierzu ist es also unerlässlich, mindestens einen passenden Lernort auszuwählen. Sollen im Lauf der Unterrichtsreihe die Schüler an der

---

[74]Burk/Claussen: Methodik des Lernens (wie Anm. 70), S. 26.
[75]vgl. ebd., S. 26.

Auswahl der Orte beteiligt werden, so kann es durchaus sinnvoll sein, bereits mehrere Alternativen zu erkunden und zur Auswahl zu stellen. Zum Sammeln der entsprechenden Informationen bieten sich die Internetseiten der Lernorte, sofern es sich um Institutionen handelt, oder entsprechende Informationsbroschüren oder Handreichungen der zuständigen Gebietskörperschaften an. Ebenfalls von zentraler Bedeutung ist die Zeiteinteilung des Besuchstages. Es müssen neben der An- und Abreise der Schüler die unterschiedlichen Aufgaben, Führungen, Arbeitsaufträge und vieles andere mehr mit eingeplant werden. Ebenfalls müssen entsprechend der Distanz zur Schule die Verkehrsmittel und zusätzliche Begleitpersonen gewählt werden. Sind alle diese Vorüberlegungen abgeschlossen, muss die Schulleitung informiert und eine entsprechende Genehmigung eingeholt werden.

Für den deutlich aufwändigeren Teil der methodischen und didaktischen Planung geben Burk und Claussen einige Anregungen für Aktivitäten in der Vorbereitungsphase. Zuerst sollten Vorerfahrungen oder Vorstellungen der Schüler abgefragt bzw. erforscht werden. Hierzu eignen sich insbesondere freie Aktivitäten wie Schreiben oder Zeichnen oder das freie Unterrichtsgespräch. Auch im Brainstorming lässt sich ermitteln, über welche Informationen die Schüler bereits verfügen und woher diese stammen. Je nach Herkunft der Informationen, sei es aus dem Fernsehen, Büchern oder persönlichen Erfahrungen, kann hinterfragt werden, inwieweit die Schüler diese Informationen bereits in den strukturellen Zusammenhang bringen oder zumindest grob zuordnen können. Selbstverständlich müssen diese Informationen gesichert werden, um im Anschluss an den Besuch zu prüfen, ob Fragen nicht ausreichend beantwortet wurden. Bei der Wahl der Mittel zur Sicherung wie etwa Wandzeitungen, Stichwortsammlungen oder systematischen Collagen sind den didaktischen Möglichkeiten des Lehrers keine Grenzen gesetzt. Wichtig ist jedoch den Schülern klar zu machen, dass es sich bei den gesammelten Materialien lediglich um *Rohmaterial* handelt, das unbedingt einer weiteren Prüfung und Bearbeitung bedarf. Neben der Erforschung des Vorwissens durch den Lehrer dient diese Phase auch der Einstimmung der Schüler auf den außerschulischen Lernort und dem Aufbau von Erwartungen.

Je nach Entwicklungsstand des Vorwissens kann dieses im nächsten Schritt durch das Hinzuziehen weiterer Informationsquellen ausgebaut werden. Hierbei ist es sinnvoll Texte, Bilder oder Lexikonartikel als Quellen heranzuziehen. Den Schülern wird in dieser Phase bewusst, dass sie sich aktiv mit dem Lerninhalt auseinandersetzen und ihr vorher lückenhaftes und unter Umständen falsches Bild an Schärfe gewinnt und ständig neu in Zusammenhänge eingeordnet wird.

In diesem Wechselwirkungsprozess von Vorerfahrungen und neu gesammelten Informationen werden erste noch unklare Themenfelder offensichtlich. Diese aus dem Forscherdrang der Schüler entstehenden Fragen sind wichtig für den späteren Besuch. Der Forscherdrang und die damit verbundene Unzufriedenheit mit einem unvollständigen Bild eines Sachzusammenhangs schaffen die Motivation, diese Fragen zu beantworten und so das Bild zu vervollständigen. Es ist auch möglich, bereits in dieser Phase der Vorbereitung die Klasse in Kleingruppen aufzuteilen, die später bestimmte Themenfelder bearbeiten und diese den anderen Gruppen präsentieren sollen. Wichtig ist jedoch, dass für diese Kleingruppen nicht der Zusammenhang zum *großen Ganzen* verloren geht, sondern ihnen ihre Position und Aufgabe im Zusammenhang bewusst ist und bleibt.

Die aufkommenden Fragen müssen natürlich genau wie das Vorwissen gesichert werden. Hierzu bieten sich zum Beispiel Karteikarten oder Fragenkataloge an. Speziell für einen Museumsbesuch eignen sich Karteikarten besonders. Sie sind klein und leicht handhabbar. Ihr Papier ist recht schwer, so dass sich auch ohne Schreibunterlage Notizen machen lassen. An den von den Schülern formulierten Fragen lässt sich wiederum der Lernstand der Schüler erkennen.

Um die am Lernort gemachten Erfahrungen zu sammeln, müssen die Schüler unterschiedliche Dokumentationsmittel bekommen und den entsprechenden Umgang erlernen oder wiederholen. Insbesondere bei Museumsbesuchen ist hier der Einsatz von Digitalkameras möglich und sinnvoll, sofern diese nicht, wie beispielsweise im *HNF*, vom Lernort zur Verfügung gestellt und in die Führung eingearbeitet werden.

Um einen geregelten und zielführenden Ablauf zu gewährleisten, sollten vorher erzieherische Maßnahmen, Verständigungszeichen und Ansprechpartner erläutert und von den Schülern reflektiert werden.

Sind alle diese Vorbereitungen erfolgreich abgeschlossen, kann der Besuch ergebnisorientiert und erfolgreich verlaufen.

5.3.2 Handelnde Auseinandersetzung mit dem Lernort

„Wenn die Schüler nun durch die Vorbereitungsphase genügend sensibilisiert, interessiert, informiert und motiviert sind, soll die Erkundung ‚vor Ort' nunmehr durch eigene unmittelbare ‚sinnliche‘ Erfahrungen zu neuen Erkenntnissen führen.“[76] Diese Erfahrungen mit Lerngegenständen werden dadurch, dass der Abstand zum Lerngegenstand verringert wird, weil abstrahierende Medien wegfallen, deutlich eher und leichter in das Leben und Erleben der Schüler integriert.

Burk und Claussen beschreiben drei verschiedene Kontaktformen im Umgang mit außerschulischen Lernorten. Hierzu zählt als erstes das *Herumstreifen* als *lose Kontaktform*. Da diese Kontaktform dazu dient, dass Schüler eine erste Orientierung gewinnen oder sich vor dem eigentlichen Besuch einen Überblick über den Lernort verschaffen, zählt diese Kontaktform genau genommen noch zur Vorbereitungsphase. Diesem ersten Besuch muss auf jeden Fall ein weiterer folgen, der ein genaueres Untersuchen anhand der entwickelten (Leit-)Fragen ermöglicht.

In den meisten Fällen wird aber der Besuch eines außerschulischen Lernorts in Form einer *Erkundung* oder eines *Unterrichtsgangs* als *intensive, gebundene Kontaktform* stattfinden, dem die oben beschriebene Vorbereitung vorausgegangen ist. Bei dieser Form des Besuchs werden aktiv Antworten auf die in der Vorbereitungsphase entwickelten Fragen gesucht und gesichert.

Als dritte Möglichkeit nennen Burk und Claussen das *Projektpraktikum* als *mehrfachen Kontakt mit einem Lernort innerhalb einer kurzen Zeitspanne*. Diese Möglichkeit bietet sich im Unterrichtsalltag meist nur, wenn der Lernort in unmittelbarer Nähe zum Schulgebäude liegt und so leicht innerhalb einer Unterrichtsstunde aufgesucht werden kann, ohne dass auf andere Kurse Rücksicht genommen werden muss. Im Rahmen einer Projektwoche oder eines mehrtägigen Schulausflugs ist aber auch diese Kontaktform durchaus möglich.

Bei all diesen Kontaktformen gibt es eine Vielzahl von Aneignungsmöglichkeiten, die die Schüler je nach Alter und Beschaffenheit des Lernorts nutzen können. Für jüngere Schüler eignen sich hier spielerische Aneignungsformen, während Schüler der Sekundarstufe II eher dazu angehalten werden sollten, beispielsweise Interviews zu führen, Belegstücke, etwa mit einer Digitalkamera, zu sammeln oder die Fragen anhand einer Museumsführung zu beantworten. Natürlich können hierbei auch Fragen aufkommen und beantwortet werden, die vielleicht in der Vorbereitungsphase noch gar nicht deutlich waren oder erst im Lauf der Auseinandersetzung mit dem Lernort entstehen.

---

[76]Burk/Claussen: Methodik des Lernens (wie Anm. 70), S. 31.

5.3.3 Auswertung der Eindrücke, Erlebnisse und Erfahrungen

„In der Auswertungsphase geht es darum, die während der Erkundung jeweils einzeln oder gemeinsam erlebte, erfahrene, beobachtete und damit zugleich sinnlich fassbar und kommunizierbar gemachte Realität erneut zu thematisieren, um auf diese Weise ihre Aneignung weiter zu fördern.“[77] Die Auswertungsphase ist also der Zeitpunkt, an dem das Geschehene oder Gesehene reflektiert und in Zusammenhang gebracht wird. Eindrücke sollen verdichtet und strukturiert werden. Hierbei helfen die formulierten Vorüberlegungen und Fragen. Die Möglichkeiten der Durchführung dieser Reflexion sind wieder vielfältig. Neben Unterrichtsgesprächen oder der Erstellung von Wandzeitungen bietet sich vor allem bei der Aufteilung der Klasse in Kleingruppen während des Besuchs die Möglichkeit, die einzelnen Gruppen ihre Ergebnisse und Erfahrungen in verschiedenster Weise den anderen Klassenkameraden präsentieren zu lassen. Je nach Alter und Entwicklungsstand gibt es die Option, die Schüler selbst eine eigene Unterrichtsstunde gestalten und durchführen zu lassen, um die Ergebnisse und Erlebnisse für die gesamte Klasse zu sichern.

5.4 Probleme beim Besuch außerschulischer Lernorte

Der Besuch eines außerschulischen Lernorts im Rahmen einer Unterrichtsreihe kann sowohl für Schüler wie auch Lehrer einen großen Motivationsschub bedeuten oder einfach helfen, aus der Eintönigkeit des Frontalunterrichts auszubrechen. Bei all den bisher festgestellten Annehmlichkeiten eines außerschulischen Lernorts darf aber nicht vergessen werden, dass auch Probleme mit der Planung und Durchführung einer solchen Veranstaltung verbunden sind. Neben dem Mehraufwand für den Lehrer, den die sorgfältige Planung des Besuchs eines außerschulischen Lernorts bedeutet, stellen sich auch Fragen nach Leistungsbewertung, Ergebnissicherung und dem Kooperationswillen der Schüler.

Im Folgenden werden kurz exemplarische Argumente von Sauerborn und Brühne[78] für und wider den Besuch eines außerschulischen Lernorts aufgezeigt. Diese Argumente könnten von Lehrern in ähnlicher Form angeführt werden, wenn ein solcher Lernort aufgesucht werden soll.

---

[77]Burk/Claussen: Methodik des Lernens (wie Anm. 70), S. 36.
[78]Sauerborn/Brühne: Didaktik des außerschulischen Lernens (wie Anm. 7), S. 68.

PRO	KONTRA
handlungsorientierter Umgang mit mehrperspektivischen Bildungsinhalten	logistischer und organisatorischer Mehraufwand
freies und selbst gesteuertes Lernen	erschwerte Leistungsbewertung
Alltags- und Lebensweltorientierung	generelle Gefahren (z. B. Verletzungen, Regelverstöße)
neue Inhalte, Medien und Methoden werden erschlossen	veränderte Lernzielkontrolle
Freiräume der Schüler	Missbrauch der Freiräume
Erfahrung von komplexen Zusammenhängen, erfahrbare Ausschnitte der Realität	Skepsis bei Eltern und Kollegen
Eigenverantwortliches Handeln	ggf. Lehrplandruck
mehrdimensionale Sinneswahrnehmung	ggf. erhöhter finanzieller Aufwand
gesellschaftliche und kulturelle Teilhabe	Disziplin und Klassengröße
das Bild der Schule in der Öffentlichkeit wird verbessert	die Öffentlichkeit wertet außerschulisches Lernen als reine *Spaßveranstaltung* ab

Abb. 5.1: Beispielhafte Pro- und Kontra-Argumente des außerschulischen Lernens

Gerade die Möglichkeiten der Lernzielkontrolle beim Besuch außerschulischer Lernorte stellen einen oft geäußerten Kritikpunkt dar. „In der typischen Unterrichtsstunde werden Lernresultate einfach in schriftlicher Form festgehalten, um dann später durch die Lehrperson überprüft zu werden. Im außerschulischen Unterricht sollte hingegen eine handelnde Sicherung geschehen."[79] Um aus der Monotonie der schriftlichen Ergebnissicherung auszubrechen und so auch einmal diesen Handlungsablauf zu reflektieren können als Ergebnissicherung einer außerschulischen Unterrichtsstunde etwa Wandzeitungen, Collagen, Powerpoint-Präsentationen oder ähnliches dienen. Diese bieten auch den Schülern Möglichkeiten, ihrer Kreativität mehr Raum zu geben als bei der schriftlichen Ergebnissicherung. Allerdings muss dies natürlich bei der Planung der Unterrichtsreihe mit einbezogen werden.

---

[79]Sauerborn/Brühne: Didaktik des außerschulischen Lernens (wie Anm. 7), S. 59.

Auch die Leistungsbewertung stellt den Lehrer zunächst einmal vor Probleme. Zwar ist genau dieser außerschulische Unterricht dazu gedacht, aus den stringenten Regeln der Schule auszubrechen, aber spätestens am Ende einer Unterrichtsreihe müssen auch die außerschulischen Leistung irgendwie im Notenraster berücksichtigt werden. Abhilfe ist hier zu schaffen, so Sauerborn, indem „das Geleistete" bewertet wird. Hierfür werden jedoch spezielle Kriterien benötigt, die sinnvollerweise bereits vorher mit den Schülern besprochen werden sollten und sowohl fachliche, aber auch soziale Aspekte umfassen sollten.[80]

Auf Seiten der Lehrer besteht oftmals auch die Angst, dass die Freiräume, die den Schülern zum eigenen Erleben der Realität geboten werden, von ihnen missbraucht werden. Nehmen die Schüler das neue Unterrichtskonzept nicht an und sind nicht diszipliniert genug für diese Arten der Erfahrung, so bleibt oft nicht viel von einer außerschulischen Unterrichtsstunde als „Spaß mit den andern". Werden jedoch die entsprechenden Regeln und der Umgang mit der neuen Lernsituation vorher gemeinsam erarbeitet, so kann eben diese Beteiligung der Schüler ihre Motivation stark steigern. Die Schüler erfahren Wertschätzung und fühlen sich ernst genommen.

Es lässt sich also sagen, dass viele der oftmals befürchteten Probleme beim Aufsuchen eines außerschulischen Lernorts sich durch konsequente Vorbereitung der Lehrer verhindern oder zumindest vermindern lassen. Auch eine außerschulische Unterrichtsstunde ist mit einem Lernprozess der Umgebungsvariablen verbunden. So wird der zweite oder dritte Unterricht außerhalb des Klassenraums deutlich ruhiger und diszipliniert durchzuführen sein als der erste. Werden dazu noch außerschulische Lernorte aufgesucht, die den Lehrern einen Teil der Vorbereitung bereits abnehmen und zusätzlich durch ein interessantes museumspädagogisches Programm die Schüler fordern, kann einem erfolgreichen Besuch kaum noch etwas im Weg stehen.

6 Angebote im Heinz Nixdorf MuseumsForum

Um eine nach den genannten Kriterien sinnvolle methodische und didaktische Einbindung in eine Unterrichtsreihe zu ermöglichen, werden einige Anforderungen an den außerschulischen Lernort gestellt. Das *Heinz Nixdorf MuseumsForum* bietet, diesen Anforderungen entsprechend, verschiedenste Möglichkeiten insbesondere für Schulklassen. Allein durch die besondere Be-

---

[80]vgl. Sauerborn/Brühne: Didaktik des außerschulischen Lernens (wie Anm. 7), S. 61.

schaffenheit der Ausstellung mit ihren vielen Möglichkeiten, interaktiv tätig zu werden, bietet sich das *HNF* geradezu an, eine *kontrollierte Begegnung mit der Realität* zu erleben. Vielfach fehlt eben dieser Aspekt des *Erlebens* im normalen Schulalltag.

> Meine Tochter lernt am Dienstag in der 1. Stunde den Aufbau des Hühnereis, in der 2. Stunde das Gerundium in Englisch, in der 3. Stunde zeichnet sie ein Bild mit Mitteln der Zentralperspektive, in der 4. Stunde berechnet sie Gleichungen mit zwei Unbekannten, in der 5. Stunde spielt sie Völkerball und in der 6. Stunde lernt sie etwas über die Kreuzzüge. Und nachmittags fragt sie, wozu sie dies später denn alles einmal brauchen werde.[81]

Um diese Lücke zwischen Schule und Realität zu schließen, bietet das *HNF* nicht nur Führungen durch die Dauerausstellung an, sondern führt verschiedene Workshops durch, ermöglicht bestimmte Themenführungen oder bietet insbesondere Schülern der Sekundarstufe II und anderen Interessierten Abendvorträge zu aktuellen Themen an.

Das *HNF* sieht sich selbst als *Erlebnisort*, an dem man sich auf eine „spannende Zeitreise durch die Welt der Informations- und Kommunikationstechnik"[82] begeben kann.

6.1 Führungen und Themenführungen

In seiner Eigenschaft als Museum bietet das *HNF* Führungen durch seine Dauer- und Sonderausstellungen an. Bei der allgemeinen Führung durch die Dauerausstellung gehen die Besucher auf eine Zeitreise durch 5.000 Jahre Geschichte der Informationstechnik, angefangen von der Kulturgeschichte des Schreibens und Rechnens über die Entwicklungsstu-

Abb. 6.1: Allgemeine Führung im HNF

fen des Computers bis zum Einsatz der Künstlichen Intelligenz. Diese Führung dauert etwa eine Stunde und gibt einen Überblick über die Sammlung des *HNF*. Da Unterrichtsreihen aber häufig ein deutlich differenzierteres und spezielleres Lernziel haben, kann selbstverständlich neben der altersgemäßen Anpassung der Führung durch die Museumsführer auch der Inhalt den

---

[81]Wagner: Schule und Museum (wie Anm. 73), S. 51.

speziellen Wünschen der Klassen angepasst werden. Da die Museumsführer speziell ausgebildet und mit reichlich Hintergrundwissen ausgestattet sind, stellen detaillierte Fragen oder Wünsche der Schüler keine Probleme für sie dar. Es ist sogar möglich, eine Führung durch die Dauerausstellung anhand eines von den Schülern entwickelten Fragenkatalogs zu planen, so dass insbesondere die Fragen der Schüler beantwortet werden. Im Anschluss an jede allgemeine Führung empfiehlt das *HNF* einen losen Besuch der Dauerausstellung, da viele Exponate interaktiv sind und im Rahmen der Führung aus Zeitgründen nur von einigen Schüler bedient werden können. Hierbei können die Schüler ihren Forscherdrang ungezwungen ausleben und bei Bedarf noch vertiefende Informationen sammeln. Mit Absicht sind im *HNF* viele Exponate mit interaktiven Terminals ausgestattet, um den Schülern ein Gefühl des *Selbst-Erforschens* zu geben und so den Lern- und Erlebnisprozess optimal zu unterstützen. Da alle Schüler mehr oder weniger intensive Kontakte zu technischen Hilfsmitteln, vor allem Handies, PC's und *iPods*, haben, bringen sie ein starkes natürliches Interesse für diese Technologien mit.

Für bestimmte Themenkomplexe bietet das *HNF* außerdem Themenführungen an, die nicht die gesamte Bandbreite der Dauerausstellung abdecken, sondern sich auf spezielle Bereiche und deren Exponate konzentrieren. Bei diesen Themenführungen handelt es sich um Bereiche, die oftmals von Schulen angefragt werden.

Es gibt unter anderem Themenführungen zu den Themen Rechnen, Schreiben, Erfinder und Unternehmer aus der Geschichte der Informationstechnik, Geschichte der *Nixdorf Computer AG*, Frauenarbeit in der Informationtechnik oder Welt der Kryptologie. Diese Führungen dauern etwa 45 Minuten und können selbstverständlich auch den An-

Abb. 6.2: Nachbau einer Enigma-Chiffriermaschine

forderungen der Klassen angepasst werden. Beispielsweise werden in der speziellen Kryptologie-Führung durch den Kryptologie-Bereich des Museums die Besucher in die Welt der Codes und Chiffren eingeführt. Es werden Verschlüsselungstechniken von der Caesar-Scheibe bis hin zur Enigma, einer deutschen Chiffriermaschine aus dem Zweiten Weltkrieg, präsentiert. Die

Themenführungen sind auch Bestandteil einiger Workshops, um vor Beginn des eigentlichen Workshops ein einheitliches Hintergrundwissen der Schüler zu schaffen.

So lässt sich zu den verschiedenen Führungen insgesamt festhalten, dass die Abläufe hochflexibel und dadurch leicht an individuelle Wünsche anpassbar sind. Es wird eine lückenlose Integration in die Unterrichtsreihe ermöglicht, die das Erleben im Museum hochgradig fruchtbar und nachhaltig macht.

6.2 Museumsrallye

Neben den verschiedenen Führungen durch das Museum besteht auch die Möglichkeit, eine Museumsrallye mit den Schülern zu veranstalten. Diese lässt den Schülern noch weit mehr Freiraum bei der Erkundung des Museums und der Beantwortung der in der Vorbereitungsphase gesammelten Fragen. Eine Museumsrallye hat eine Dauer von etwa $1\frac{1}{2}$ Stunden und be-

Abb. 6.3: Museumsrallye im HNF

ginnt zuerst mit einer Führung durch die Dauerausstellung, bei der jedoch nur spezielle, entsprechend dem Alter oder der Thematik ausgewählte Ausstellungsstücke aufgesucht werden. Im Anschluss begeben sich die Schüler auf die Suche nach den in ihrem Fragebogen angegebenen Exponaten, um dort entsprechende Fragen zu beantworten oder Aufgaben zu lösen. Hierbei verfügen die Kleingruppen jeweils über eine Digitalkamera, mit der sie ihre Suche und deren Ergebnisse festhalten können. Nach Abschluss der Rallye erhalten die Schüler jeweils eine Urkunde und Datenträger mit den von ihnen gemachten Fotos.

Das *HNF* bietet diese Museumsrallye im Altersraster 8 bis 10 Jahre, 11 bis 15 Jahre, 16 bis 18 Jahre und für ältere Schüler an.

Wenn wir noch einmal die an einen erfolgreichen Besuch eines außerschulischen Lernorts geknüpften Bedingungen betrachten, so sorgt diese Museumsrallye für viele der nötigen Umgebungsvariablen. Die Schüler können ihren eigenen Fragenkatalog mitbringen oder, wenn sie sich am Beginn einer Unterrichtsreihe befinden, die vorgefertigten Fragen nutzen, um Informationen und Antworten zu finden. Durch den Einsatz der Digitalkamera, deren

Nutzung durch die entsprechenden Fragen und Aufgaben auch immer wieder auf die Exponate gerichtet wird, erstellen die Schüler automatisch eine Sicherung ihrer Ergebnisse. Nebenbei besteht auch die Möglichkeit, sich selbst oder Klassenkameraden zu fotografieren, so dass ein besonderes Gruppenerlebnis ebenfalls ermöglicht wird. Selbstverständlich muss auch diese Museumsrallye noch von den Lehrern entsprechend in die Unterrichtsreihe eingebunden werden.

6.3 Workshops

Neben Führungen und der Museumsrallye gibt es im *HNF* noch eine Vielzahl weiterer museumspädagogischer Angebote. „Kleine Komponisten können hier ihre eigene Musik-CD am Computer produzieren [. . .] oder selbst einen Roboter bauen und programmieren.“[83] „Vom Morsen übers Löten bis zum Umgang mit Computer, Internet und GPS – das museumspädagogische Programm vermittelt auf spielerische Weise Einblicke in die Informations- und Kommunikationstechnik“[84] Zuerst wird nun eine Auswahl museumspädagogischer Veranstaltungen gegeben, und im Anschluss daran werden zwei Veranstaltungen genauer erläutert.[85]

6.3.1 Boten, Balken und Signale

Einleitend erfahren die Teilnehmer in einer ca. 20 Minuten andauernden Führung durch die Ausstellung, wie früher Nachrichten über große Entfernungen gesendet wurden, zum Beispiel durch Boten oder durch Balkentelegraphen. Anschließend begeben sich die Kinder in die museumspädagogischen Räume und lernen dort unter Anleitung, sich ein eigenes Morsegerät zu bauen.

Dauer: ca. 2 Stunden
Zum Mitnehmen: selbst gebautes Morsegerät/ Lichtmorser
Gruppengröße: 16 Personen
Alter: 8-12 Jahre

---

[83]Heinz Nixdorf MuseumsForum [Hrsg.]: HNF – Wegweiser (wie Anm. 57).
[84]Ders. [Hrsg.]: Kids aktiv – Entdecken und Erleben, Paderborn 2008.
[85]Die Informationen zu den Workshops sind internen Informationen und Anweisungen des *HNF* entnommen.

6.3.2 Schreiben wie die alten Römer

Bei einer Führung durch den Ausstellungsbereich *Schreiben* lernen die Kinder das Schreiben und das Leben im antiken Rom kennen. Dabei werden unter anderem Inschriften auf Stein, Tonscherben, antike Graffiti, Holztäfelchen, Bleiplättchen und Wachstafeln vorgestellt. Im zweiten praktischen Teil des Workshops können die Teilnehmer, ausgestattet mit den typischen Schreibutensilien des alten Roms, in den Seminarräumen selbst nachempfinden, was Schreiben damals bedeutete.

Dauer: ca. 1 Stunde

Zum Mitnehmen: selbst beschriebenes Papyrus-Blatt

Gruppengröße: 28 Personen

Alter: 6-12 Jahre

6.3.3 Roboter-Workshop

An zwei Tagen wird mit Lego Mindstorm ein Roboter, der sich völlig eigenständig bewegt, gebaut. Am zweiten Tag wird dieser programmiert und eingesetzt.

Dauer: 2 x 3 Stunden

Zum Mitnehmen: Foto des Roboters und Urkunde

Gruppengröße: 8 Personen

Alter: 12-15 Jahre

6.3.4 Beats & Mixes

In Tonstudios ist der PC mittlerweile unverzichtbar. Es wird demonstriert, wie einfach es geworden ist, auch ohne Instrumentalkenntnisse Musik am PC zu mixen und zu produzieren.

Dauer: ca. 4 Stunden

Zum Mitnehmen: selbst produziertes Lied auf CD

Gruppengröße: 11 Personen

Alter: 12-15 Jahre

6.3.5 Lötwerkstatt: Leuchtdisplay

Zunächst werden in der Ausstellung des *HNF* Bauteile des Leuchtdisplays, wie Transistoren, Kondensatoren und Widerstände, vorgestellt und im Anschluss in den Räumen der Museumspädagogik unter Anleitung mit dem Lötkolben auf eine Platine gelötet.

Dauer: ca. $2\frac{1}{2}$ Stunden

Zum Mitnehmen: Leuchtdisplay

Gruppengröße: 6 Personen

Alter: 12-15 Jahre

6.3.6 GPS-Wandertour

Eine weitere museumspäd-
agogische Veranstaltung des
HNF ist die GPS-Wandertour.
Hierbei werden körperliche
Betätigung und der Museumsbesuch verbunden. Die Schüler
werden in Kleingruppen aufgeteilt und erhalten jeweils
einen GPS-Empfänger, in den
bereits eine vorgegebene Route
einprogrammiert ist. Entlang
dieser Route, die durch die

Abb. 6.4: Gemeinschaft erleben auf einer GPS-
Wandertour

landschaftlich sehr reizvollen Paderauen bis zum ehemaligen Landesgarten-
schaugelände in Schloss Neuhaus führt, müssen die Schüler ähnlich einer
Schnitzeljagd Fragen beantworten und gemeinsam Aufgaben lösen. Es gibt
ein vom *HNF* vorgefertigtes Programm mit Beispielaufgaben und -fragen,
das aber den Bedürfnissen und Anforderungen der Teilnehmer angepasst
werden kann. Durch das Nebeneinander der Museumsführung durch ein
Technikmuseum und der Beantwortung der Fragen, die sich hauptsächlich
auf Naturphänomene oder -wahrnehmung konzentrieren, wird den Schülern
die durchaus mögliche Symbiose von Technik und Natur verdeutlicht. Die
Schüler erfahren, dass ein Teil der sie umgebenden und prägenden Realität
nicht nur Massenmedien und elektronische Spielzeuge umfasst, sondern
lernen auch die vielfach im Alltag vernachlässigten Umwelterfahrungen
schätzen. Mit dem Einsatz der GPS-Geräte erhält diese Wandertour den
Charakter eines Abenteuers. Durch die Bewältigung dieses Abenteuers
und die erfolgreiche Ankunft am Ende der *Dschungel-Reise* erfahren die
Schüler Selbstvertrauen und Selbstwertgefühl unter anderem durch die
Wertschätzung ihrer Mitschüler. Durch die Gemeinschaftserfahrung dieses *Auf-sich-selbst-gestellt-Seins* wird zusätzlich die Klassengemeinschaft

gestärkt und das Zusammengehörigkeitsgefühl der Schüler gefördert.

Die Wandertour kann in zwei Alternativen erfolgen: entweder sie beginnt mit einer Führung durch die Dauerausstellung des *HNF* und führt die Schüler im Anschluss entlang der Pader bis nach Schloss Neuhaus oder die Schüler beginnen am Schloss und beenden ihre Wanderung am *HNF*, wo sich die Führung durch die Dauerausstellung anschließt. Mit einer Dauer von etwa 3 Stunden, in der die Führung bereits enthalten ist, eignet sich dieses museumspädagogische Angebot besonders für Wandertage von Schulen.

6.3.7 Papierwerkstatt

Insbesondere für Schüler der Sekundarstufe I eignet sich der *Workshop Papierwerkstatt*. Er beginnt mit einer Führung durch die Dauerausstellung des Museums. Die unterschiedlichen Schreibmaterialien vergangener Epochen werden ebenso thematisiert wie die Entstehung und Entwicklung der Schrift. So entstand die zu Beginn anhand des ältesten Exponats vorgestellte Keilschrift in Mesopotamien zur Verwaltung der frühen Stadtstaaten. Diese Verwaltung erforderte bereits um 3.100 vor Christus ein umfangreicheres Mittel als die bis dahin genutzten Tonmarken und Rollsiegel. Erstes Trägermaterial für diese Schriftzeichen waren Tontafeln, die in noch feuchtem Zustand mit Holzgriffeln geritzt wurden. Es folgt ein Überblick über noch weiter entwickelten Schriftzeichen und Datenträger des alten Ägyptens. Es werden verschiedene Schriftarten, Hieroglyphen und das wichtigste Trägermaterial Papyrus vorgestellt.[86] Anhand der Wachs- und Holztafeln der römischen Epoche wird den Schülern verdeutlicht, dass bis zur Erfindung des Buchdrucks Kopien von Aufzeichnungen immer per Hand durch Abschreiben erstellt werden mussten und Papier erst seit der Zeit der Industrialisierung aus zerkleinerten Holzschnitzeln hergestellt werden konnte. Erst durch diese Massenproduktion ist Papier zum heutigen, sehr preiswerten Datenträger geworden. Selbst in Zeiten des *papierlosen Büros* ist der Papierverbrauch ungebrochen groß, da dank elektronischer Speicherung schnell und unkompliziert unbegrenzt viele Kopien eines einmal gespeicherten Werks erstellt werden können.

Nach diesem Überblick über die Geschichte der Kulturtechnik *Schreiben* und die damit verbundenen Hilfsmittel beginnen die Schüler, in den museumspädagogischen Räumen des *HNF* selbst Büttenpapier auf traditionelle Weise herzustellen. Die Schüler lernen in ihrer Bütte, dem Behälter in dem

---

[86]vgl. 1. Obergeschoss des HNF: Ausstellungsbereich *Schreiben*

sich die Pulpe, also ein Gemisch aus Wasser, Zellulose und dem *Papierkleb-stoff* Koalin befindet, selbst Papier zu schöpfen. Die Schüler können, ihrem Papier verschiedene Naturfarbstoffe beimischen, um farbige Bögen zu erhalten. Nach dem sogenannten Gautschen, dem Auspressen des Wassers aus der breiigen Masse, wird das fertige Papier zum Trocknen ausgelegt und kann später von den Schülern mit nach Hause genommen werden.

Abb. 6.5: Abguss einer mesopotamischen Tontafel

Abb. 6.6: Schüler schöpfen selbst Papier

Der Workshop *Papierwerkstatt* lässt die Schüler selbst erleben, wie aufwändig und unglaublich kompliziert nicht nur die Entwicklung der Schrift, sondern auch die Beschaffung und Herstellung der einzelnen Trägermaterialien bis in die Neuzeit hinein war.

6.4 Abendvorträge im Forum des HNF

Neben Führungen und museumspädagogischen Veranstaltungen bietet das *Heinz Nixdorf MuseumsForum* auch Abendveranstaltungen wie Vortragsreihen, die sich insbesondere mit dem Einfluss von Kommunikations- und Informationstechnik auf unsere Gesellschaft auseinandersetzen. So wurde 2004 in der Vortragsreihe *Demokratie digital* der Einfluss von Kommunikations- und Informationstechnologien auf die Entwicklung der Demokratie und die damit verbundenen Möglichkeiten und Risiken untersucht.

Da sich das *HNF* der Orientierung und Bildung des Menschen in der Informationsgesellschaft widmet, [wurde] mit dieser Vortragsreihe die Auseinandersetzung mit den neuen Technologien gesucht. Es [wurden] die Chancen und Risiken des Einsatzes in politischen Informations-, Kommunikations- und Entscheidungsprozessen vorgestellt und diskutiert. Fachreferenten [verbanden] in ihren Vorträgen für ein breites Publikum bereits erprobte Praxisbeispiele mit Visionen für die Zukunft.[87]

Da es sich bei diesen Vortragsreihen jedoch um Abendveranstaltungen handelt, ist eine Einbindung als verpflichtende außerschulische Veranstaltung schwierig. Selbst in der Sekundarstufe II ist es kaum möglich, alle Schüler zur Teilnahme an einer solchen Veranstaltung zu bewegen und die Nutzung im Unterricht daher eher schwierig. Aus diesem Grund wird an dieser Stelle auch nicht näher auf diese Angebote des *HNF* eingegangen.

6.5 Schülerlabor 2010

Einen weiteren großen Schritt zur Unterstützung der klassischen Bildungsbereiche gehen das *Heinz Nixdorf MuseumsForum* und die Universität Paderborn demnächst gemeinsam. Seit 2009 wird ein gemeinsames, mit Finanzmitteln des Landes Nordrhein-Westfalen finanziertes, zdi-Schülerlabor unter dem Namen *coolMINT* geplant, in dem Schülern, aber insbesondere auch Schülerinnen, die sogenannten *MINT-Bereiche* nähergebracht werden sollen. MINT steht hierbei für Mathematik, Informatik, Naturwissenschaften und Technik. Die Universität Paderborn wird gemäß der aktuellen Planung aus den Bereichen Elektrotechnik, Informatik, Mathematik, Chemie und Physik Mitarbeiter, wissenschaftliche Hilfskräfte und Studenten zur Verfügung stellen, die die entsprechenden Workshops durchführen.

In diesem Schülerlabor sollen die Schüler nicht nur im Rahmen des Fachunterrichts lernen können, sondern auch fächerübergreifende Projekte verwirklichen können. Außerdem sollen die Angebote dieses Schülerlabors die Entscheidung für ein universitäres Studium eben dieser MINT-Fächer für die Schüler erleichtern und sie motivieren, natürlich insbesondere an der Univer-

Abb. 6.7: Vorstellung des Angebots des zdi-Schülerlabors coolMINT.Paderborn

sität Paderborn ein solches Studium zu beginnen, sobald sie ihre schulische Ausbildung abgeschlossen haben.

Das künftige zdi-Zentrum FIT.Paderborn, das durch Universität, Stadt und Kreis, Schulen, *HNF* und zahlreiche Unternehmen der

---

[87]Heinz Nixdorf MuseumsForum [Hrsg.]: Vortragsreihe: Demokratie digital, www.hnf.de/-

Region unterstützt wird, will bis zum Jahr 2015 ein umfassendes, hoch qualifiziertes Informations- und Bildungsangebot in MINT-Bereichen entlang der Bildungskette von der frühkindlichen Förderung bis hin zur Hochschulreife bieten. Dazu soll unter anderem ein Schülerlabor mit 200 Quadratmetern Fläche im *HNF* eingerichtet werden, weitere Labore stehen in der Uni zur Verfügung. Das Schülerlabor unter dem Namen coolMINT.Paderborn soll das wissenschaftliche und didaktische Know-how der Universität mit den museumspädagogischen Kompetenzen und Erfahrungen aus zahllosen Veranstaltungen des weltgrößten Computermuseums *HNF* verbinden.[88]

Es wird zunächst fünf Themengruppen geben, zu denen die Schüler ab dem 2. Juli 2010 forschen können. Dazu zählen „Modellfabrik, Licht und Farbe, Messen-Steuern-Regeln, Daten und Datenübertragung und experimentelles Programmieren."[89] Insbesondere für die Sekundarstufe II dürfte dieses Schülerlabor ungeahnte Möglichkeiten der Forderung und Förderung der Schüler bieten.

7 Schlussbemerkungen

Folgt man der Definition von Fritz M. Kath, so kann im Sinn des lebenslangen Lernens jeder Ort ein Lernort sein. Damit aber ein Museum zu einem geeigneten Lernort für einen Besuch im Rahmen einer Unterrichtsreihe werden kann, muss es bestimmte Kriterien erfüllen und dieser Besuch in ausreichendem Maß vor- und nachbereitet werden. Entsprechend den Empfehlungen für die Öffnung von Schule sehen auch die Richtlinien und Lehrpläne der Sekundarstufe II den Besuch solcher Lernorte vor, um dort den Schülern nicht nur die Begegnung mit der Realität der im Unterricht theoretisch behandelten Inhalte zu ermöglichen, sondern auch um mit Fachleuten in Kontakt zu kommen, die bei dieser Erfahrung informieren, anleiten und helfen können. Diese außerschulischen Lernorte bilden so den Anknüpfungspunkt von theoretischem Wissen und der Lebenswirklichkeit der Schüler. Durch das Verlassen des Klassenzimmers und den Besuch von Originalschauplätzen wird nicht nur die Motivation der Schüler gesteigert, sondern auch deutlich gemacht,

---

[88]Frauke Döll: Pressemitteilung der Universität Paderborn vom 12. März 2010, www.uni-paderborn.de/mitteilung/71422, (besucht am 11. 05. 2010).
[89]Ebd.

dass Schule nicht abseits der Realität stattfindet, sondern im Unterricht auf das Leben in dieser Realität vorbereitet.

Überträgt man diese Erkenntnisse auf den Besuch eines Museums als außerschulischen Lernort, so wird deutlich, dass es nur durch die historische Entwicklung der Museen möglich geworden ist, diese als außerschulische Lernorte zu nutzen. Lange Zeit war der Zugang zu Museen und ihren kostbaren Objektsammlungen nur einer elitären adligen Schicht möglich. Im Lauf der Zeit jedoch begannen die Museen, sich einer breiteren Öffentlichkeit zu öffnen. Aber erst seit kurzem haben sich Museen von Orten der Aufbewahrung von Objekten zu Lernorten gewandelt. Heute bieten die meisten Museen die Möglichkeit, authentische Objekte mit allen Sinnen wahrzunehmen und zu erfahren, anstatt diese Objekte nur zu sammeln und von Panzerglas abgeschottet zu präsentieren. Diese Veränderung in der Konzeption von Museen ermöglicht nun auch eine pädagogische Arbeit. Schüler können nicht mehr nur ansehen, sondern hören, anfassen und zum Teil sogar selbst gestalterisch tätig werden. Sie können im Museum die dort gesammelten Zeugnisse der Menschheits- und Erdgeschichte, und damit das Fundament unserer heutigen Gesellschaft, erfahren und erleben. Diese Erlebnisse können in einem nicht unerheblichen Maß zur Identitätsfindung der Schüler beitragen.

Der Einsatz eines Museumsbesuchs im Rahmen einer Unterrichtsreihe stellt eine der Möglichkeiten dar, außerschulische Erfahrungen in den Unterricht einzubinden. In der Fachliteratur finden sich für die verschiedenen Altersstufen Anleitungen für die Vor- und Nachbereitung eines solchen Besuchs, die jedoch meist zu unspezifisch bleiben, um sie unreflektiert als Handlungsanweisung für Lehrer nutzen zu können. Es bleibt also die Aufgabe des Lehrers, vor dem Besuch eines Museums in einer Unterrichtsreihe sowohl über den Lernort an sich, aber auch über allgemeine Lernziele und Abläufe klare Vorstellungen zu haben und diese den Schülern zu erläutern. In dieser Arbeit sind Hinweise und Informationen für Lehrer zusammengetragen und untersucht worden, die einen Besuch eines außerschulischen Lernorts strukturiert und erfolgreich machen.

Das *Heinz Nixdorf MuseumsForum* in Paderborn bietet mit seiner Dauerausstellung und seinem differenzierten museumspädagogischen Programm ein hervorragendes Beispiel eines handlungs- und erlebnisorientieren Lernorts. Durch die verschiedenen museumspädagogischen Angebote und die Möglichkeit, diese flexibel in die jeweiligen Unterrichtsreihen zu integrieren, nimmt das *HNF* Lehrern einen Teil der notwendigen Vorbereitung eines

Besuchs ab. Das Zusammenspiel von Museumspädagogik und schulischer Vor- und Nachbereitung lassen das Technik- und Computermuseum zu einem anspruchsvollen und schülergerechten Lernort außerhalb der Schule werden.

Mit der Einrichtung eines Schülerlabors in Zusammenarbeit mit der Universität Paderborn geht das *HNF* einen weiteren Schritt in der Aufwertung des Museums und seiner Funktion als außerschulischer Lernort. Die jahrelange Erfahrung des *HNF* auf dem Gebiet der Museumspädagogik bündelt sich mit dem Fachwissen der Universität zu einer besonderen Möglichkeit des außerschulischen Lernens und stellt so eine weitere Option dar, Schülern den Einstieg in ein universitäres Studium der MINT-Fachbereiche zu erleichtern.

Leider bieten nicht alle Museen ein derart differenziertes museumspädagogisches Programm wie das *HNF*, so dass sich Erfahrungen und Ergebnisse nur begrenzt auf andere Museen übertragen lassen. Es lässt sich jedoch konstatieren, dass ein Museum, das ein entsprechendes museumspädagogisches Programm zur Verfügung stellt, eine nachhaltige Realitätserfahrung der Schüler möglich macht, wenn der Besuch durch den Lehrer entsprechend der in dieser Arbeit vorgestellten methodischen und didaktischen Hinweise vor- und nachbereitet wird.

Es bleibt zu hoffen, dass von Ausstellungsmachern und Museumsverantwortlichen weiterhin daran gearbeitet wird, Museen als Lernorte aufzuwerten und Schülern die Möglichkeit zu geben, mit allen Sinnen das in der Schule erworbene theoretische Wissen zu erleben. Dies kann jedoch nur dann erfolgreich sein, wenn auch Lehrer weiterhin bereit sind, den Mehraufwand für die Vorbereitung eines Besuch eines außerschulischen Lernorts auf sich zu nehmen und so den Schülern den Bezug von Schule und Lebenswirklichkeit zu verdeutlichen. Ein solcher Besuch eines außerschulischen Lernorts kann in einer Zeit teils unmotivierter und desinteressierter Schüler einen Weg zu spannendem, motivierendem und nachhaltig erfolgreichem Unterricht darstellen.

8 Literaturverzeichnis

Allemann-Ghionda, Cristina: Ganztagsschule – ein Blick über den Tellerrand, in: Neue Chancen für die Bildung. Jahrbuch 2004, Schwalbach/Ts.: WOCHENSCHAU Verlag, 2003, S. 206 –216.

Burk, Karlheinz und Claus Claussen: Zur Methodik des Lernens außerhalb des Klassenzimmers, in: Karlheinz Burk und Claus Claussen [Hrsg.]: Lernorte außerhalb des Klassenzimmers II. Methoden – Praxisberichte – Hintergründe, Frankfurt/ Main: Arbeitskreis Grundschule e.V., 1981, S. 18–45.

Döll, Frauke: Pressemitteilung der Universität Paderborn vom 12. März 2010, www.uni-paderborn.de/mitteilung/71422, (besucht am 11. 05. 2010).

Dörrie, Heinrich: Peripatetiker, in: Konrat Ziegler [Hrsg.]: Der Kleine Pauly. Lexikon der Antike. 5 Bde. in Kassette, Bd. 4, München: Deutscher Taschenbuch Verlag, 1979, Sp. 639.

Findlen, Paula: Die Zeit vor den Laboratorien: Die Museen und der Bereich der Wissenschaft 1550–1750, in: Andreas Grote [Hrsg.]: Macrocosmos in Microcosmo. Die Welt der Stube – Zur Geschichte des Sammelns 1450–1800, Opladen: Leske + Budrich, 1994, S. 191–207.

Friman, Helena: Unkonventionelle Methoden – Das Museum als Teil der Stadt, in: Deutscher Museumsbund e.V. [Hrsg.]: Museumskunde 74 (2009), S. 53–56.

Füßl, Wilhelm: Oskar von Miller. 1855–1934. Eine Biographie, München: C.H. Beck, 2005.

Groß, Walter Hasso: Museion, in: Konrat Ziegler [Hrsg.]: Der Kleine Pauly. Lexikon der Antike. 5 Bde. in Kassette, Bd. 3, München: Deutscher Taschenbuch Verlag, 1979, Sp. 1482–1485.

Heinz Nixdorf MuseumsForum [Hrsg.]: Dauerausstellung, http://www.hnf.de/-Dauerausstellung/1._Obergeschoss/ und http://www.hnf.de/Dauerausstellung/2._Obergeschoss/, (besucht am 11. 05. 2010).

Heinz Nixdorf MuseumsForum [Hrsg.]: HNF – Mehr als das größte Computermuseum der Welt in Paderborn, Paderborn 1999.

Heinz Nixdorf MuseumsForum [Hrsg.]: HNF – Wegweiser, Paderborn 2004.

Heinz Nixdorf MuseumsForum [Hrsg.]: Kids aktiv – Entdecken und Erleben, Paderborn 2008.

Heinz Nixdorf MuseumsForum [Hrsg.]: Klassenfahrt ins größte Computermuseum der Welt, Paderborn 2007.

Heinz Nixdorf MuseumsForum [Hrsg.]: Vortragsreihe: Demokratie digital, www.hnf.de/Veranstaltungen/Archiv_Vortragsreihen/Demokratie_digital/-Demokratie_digital.asp, (besucht am 11. 05. 2010).

Heinz Nixdorf MuseumsForum [Hrsg.]: Zielsetzung, www.hnf.de/Das_HNF/-Zielsetzung.asp, (besucht am 11. 05. 2010).

Hense, Heidi: Das Museum als gesellschaftlicher Lernort. Aspekte einer pädagogischen Neubestimmung, Frankfurt/ Main: extrabuch Verlag, 1990.

Herles, Diethard: Das Museum und die Dinge. Wissenschaft, Präsentation, Pädagogik, Frankfurt/ Main: Campus Verlag, 1996.

International Council of Museums [Hrsg.]: Statuten, http://icom.museum/statutes (besucht am 11. 05. 2010).

Kemper, Klaus: Heinz Nixdorf – Eine deutsche Karriere, Landsberg/ Lech: Verlag Moderne Industrie, 2001.

Klausewitz, Wolfgang: Was ist ein Museum?, in: Deutscher Museumsbund e.V. [Hrsg.]: Museumskunde 43 (1973).

Klemm, Friedrich: Geschichte der naturwissenschaftlichen und technischen Museen, in: Deutsches Museum [Hrsg.]: Abhandlungen und Berichte 2 (1973).

Kluge, Friedrich und Elmar Seebold: Etymologisches Wörterbuch der deutschen Sprache, Berlin: Walter de Gryter, [23]1996, S. 567.

Korff, Gottfried: Lässt sich Geschichte musealisieren?, in: Deutscher Museumsbund e.V. [Hrsg.]: Museumskunde 60 (1995), S. 18–22.

Korff, Gottfried und Martin Roth [Hrsg.]: Das historische Museum. Labor, Schaubühne, Identitätsfabrik, Frankfurt/ Main: Campus Verlag, 1990.

Landesinstitut für Schule und Weiterbildung [Hrsg.]: Journal zur Gestaltung des Schullebens und Öffnung von Schule. Wann ist ein „Lernort" ein Lernort?, Soest 1992.

Landschaftsverband Rheinland [Hrsg.]: Vom Elfenbeinturm zur Fußgängerzone, Opladen: VS Verlag für Sozialwissenschaften, 1996.

Lörwald, Brigitte: Die Entstehung von Technikmuseen seit Beginn der Achtziger Jahre als Folge der Musealisierung von Industrie und Technik, Diss., Universität Paderborn – Fachbereich 2, Erziehungswissenschaft, 2000.

Meschenmoser, Helmut: Lernen mit Medien, Baltmannsweiler: Schneider Verlag Hohengehren, 1999.

Ministerium für Schule und Weiterbildung des Landes Nordrhein-Westfalen [Hrsg.]: Bereinigte Amtliche Sammlung der Schulvorschriften 2009/2010, Düsseldorf/ Frechen: Ritterbach Verlag, 2009.

Ministerium für Schule und Weiterbildung des Landes Nordrhein-Westfalen [Hrsg.]: Richtlinien und Lehrpläne für die Sekundarstufe II – Gymnasium/ Gesamtschule in Nordrhein-Westfalen. Geschichte, Düsseldorf/ Frechen: Ritterbach Verlag, 1999.

Ministerium für Schule und Weiterbildung des Landes Nordrhein-Westfalen [Hrsg.]: Schulgesetz für das Land Nordrhein-Westfalen, zuletzt geändert durch Gesetz vom 17. Dezember 2009, Düsseldorf 2009.

Neumann, Eberhard G.: Gedanken zur Industriearchäologie: Vorträge – Schriften – Kritiken, Hildesheim: Georg Olms Verlag, 1986.

Rat der Stadt Paderborn: Beschlussvorlage vom 02.09.1990, Zwischenablage-Nr. 3803, Stadtarchiv Paderborn.

Ryska, Norbert und Margret Schwarte-Amedick: Heinz Nixdorf – Lebensbilder, Detmold: Merkur Druck, 2001.

Sauerborn, Petra und Thomas Brühne: Didaktik des außerschulischen Lernens, Baltmannsweiler: Schneider Verlag Hohengehren, [1]Okt. 2007.

Schmeer-Sturm, Marie-Louise: Museumspädagogik als Teilbereich der allgemeinen Pädagogik unter besonderer Berücksichtigung anthropologischer Aspekte, in: Hildegard Vieregg u. a. [Hrsg.]: Museumspädagogik in neuer Sicht. Erwachsenenbildung im Museum, Bd. 1, Baltmannsweiler: Schneider Verlag Hohengehren, 1994, S. 42 –48.

Schüpbach, Jürg: Nachdenken über das Lehren: Vorder- und Hintergründiges zur Didaktik im Schulalltag, Bern: Haupt, [3]2007.

Thürmer, Ludwig und Gerhard Diel [Hrsg.]: Die Entstehung des Heinz Nixdorf MuseumsForums. Architektur und Design an der Schnittstelle von Mensch und Technik, Berlin: Ruksaldruck, 1996.

Traub, Silke: Das Museum als außerschulischer Lernort für Schulklassen. Eine Bestandsaufnahme aus der Sicht von Museen und Schulen mit praxiserprobten Beispielen erfolgreicher Zusammenarbeit, Hamburg: Verlag Dr. Kovac, 2003.

Tripps, Manfred: Museumspädagogik – Definition und Sinn, in: Hildegard Vieregg u. a. [Hrsg.]: Museumspädagogik in neuer Sicht. Erwachsenenbildung im Museum, Bd. 1, Baltmannsweiler: Schneider Verlag Hohengehren, 1994, S. 38 –41.

Wagner, Ernst: Warum Schule und Museum nicht zusammenpassen und warum sie es trotzdem miteinander versuchen sollten, in: Deutscher Museumsbund e.V. [Hrsg.]: Museumskunde 74 (2009), S. 50–52.

Waidacher, Friedrich: Handbuch der allgemeinen Museologie, Wien: Böhlau, 1993.

Winter, Ursula: Industriekultur: Fragen der Ästhetik im Technik- und Industriemuseum, in: Wolfgang Zacharias [Hrsg.]: Zeitphänomen Musealisierung, Essen: Klartext Verlagsgesellschaft, 1990, S. 252–256.

9 Abbildungsverzeichnis

Bildrechte der Fotos, soweit nicht anders angegeben: Jan Braun, BRAUN media GmbH

A Ablaufschema nach Sauerborn/Brühne

Sauerborn und Brühne empfehlen als Planungshilfe für den Besuch außerschulischer Lernorte ein erweitertes Ablaufschema:[90]

Einstieg: Vorwissen, Motivation, Erwartungen der Lehrer, ...

Vorklärung: Absichten, Möglichkeiten, Aktivitäten und Formen des außerschulischen Lernens, ...

Planung: Vorgehen, Organisationsformen, Zuständigkeiten, Absprachen, Methoden, ...

Außerschulisches Lernen vor Ort: Erkundung, Beobachtung, Befragung, ...

Sicherung der Erkundungseindrücke: spontane Äußerungen, Protokolle und andere Aufzeichnungen zu Inhalten, Erlebnissen, ...

Erarbeitung einer Dokumentation: Arbeitsteilung, Inhalte, Formen und Präsentation der Dokumentation

Reflexion: Prüfung und Bewertung des Erlebten, der Methoden und der Erkundungsergebnisse, offene Fragen, ...

Schlussüberlegung: Resümee, Ausblick, Abgleich mit eigenen Zielvorstellungen

---

[90]Sauerborn/Brühne: Didaktik des außerschulischen Lernens (wie Anm. 7), S.32.

B Presseinformation HNF

Das HNF – Museum und Forum

Das Heinz Nixdorf MuseumsForum (HNF) in Paderborn zeigt
seit seiner Eröffnung am 24. Oktober 1996 die Geschichte der
Informationstechnik von der Keilschrift bis zu neuesten
Entwicklungen der Robotik und Künstlichen Intelligenz.

Die multimediale Zeitreise führt durch 5.000 Jahre Geschichte:
Sie beginnt bei der Entstehung von Zahl und Schrift in
Mesopotamien 3.000 v. Chr. und umfasst die Kulturgeschichte
des Schreibens, Rechnens und Zeichnens. Schreib- und
Rechenmaschinen sind ebenso ausgestellt wie
Lochkartenanlagen, eine funktionsfähige Telefonvermitt-
lungsanlage der 1950er Jahre, Bauteile der frühesten,
zimmergroßen Computer, über 700 Taschenrechner oder die
ersten PCs. Arbeitswelten aus mehreren Jahrhunderten sind in
der Ausstellung inszeniert.

Zu den Höhepunkten zählen der funktionstüchtige Nachbau der
Leibniz-Rechenmaschine, ein Thomas-Arithmomètre von 1850,
eine Jacquard-Maschine mit Lochkartensteuerung,
Komponenten des ENIAC-Rechners von 1945, der
Bordrechner der Gemini-Raumkapsel und der Apple 1. Die
neueste Attraktion des HNF ist der berühmteste Automat der
Welt: Der sogenannte Schachtürke Wolfgang von Kempelens
aus dem 18. Jahrhundert wurde in über einjähriger Arbeit im
HNF rekonstruiert.

Mit einem Update im Januar 2004 sind neue Erlebniswelten
hinzugekommen zu Themen wie Robotik und Künstliche
Intelligenz, Mobile Kommunikation oder Digitalisierung. Die
neuen Ausstellungsbereiche präsentieren aktuelle Themen der

HNF Heinz Nixdorf
MuseumsForum GmbH

Presse- und
Öffentlichkeitsarbeit

Fürstenallee 7
33102 Paderborn
Telefon 05251-3069-14
Telefax 05251-3069-18
www.hnf.de
presse@hnf.de

Datum/Name

23.04.2009
Andreas Stolte

Seite 1

HNF Heinz Nixdorf
MuseumsForum GmbH

Presse- und
Öffentlichkeitsarbeit

Fürstenallee 7
33102 Paderborn
Telefon 05251-3060-14
Telefax 05251-3060-48
www.hnf.de
presse@hnf.de

Datum/Name

23.04.2009
Andreas Stolte

Seite 2

Informationstechnik interaktiv und multimedial. Besucher können alte und neue Computerspiele testen, Mensch-Maschine-Schnittstellen ausprobieren oder im Showroom neueste Anwendungen und Produkte aus Forschung und Industrie erproben. Eine multimediale Inszenierung präsentiert 150 Pioniere der Computergeschichte. Das HNF setzt neben klassischen Vermittlungsformen auf eine Vielzahl von interaktiven und multimedialen Anwendungen und Videos: Etwa 100 speziell entwickelte, interaktive Multimedia-Anwendungen und Videoinstallationen bringen dem Besucher die Funktionsweise ausgestellter Objekte ebenso näher wie die Lebensläufe historischer Persönlichkeiten.

Gegenwarts- und zukunftsbezogene Themen präsentiert das HNF außerdem im Softwaretheater, das virtuelle Rundgänge durch den Cyberspace bietet. Neueste Computeranwendungen und Softwareentwicklungen können an der Digitalen Werkbank getestet werden. An den Spieleinseln stehen Lern-, Geschicklichkeits- oder Strategiespiele zum Ausprobieren bereit.

Das HNF hat ein abwechslungsreiches museumspädagogisches Programm zusammengestellt, um Kindern und Jugendlichen Anregungen zur aktiven Auseinandersetzung mit den Ausstellungsobjekten und ihrer Geschichte zu geben. In den Workshops bauen Kinder beispielsweise Roboter, verschlüsseln Botschaften oder lernen Papier schöpfen. Für Lehrer und Schüler gibt es zahlreiche Möglichkeiten, Unterrichtsinhalte aufzugreifen. Neben einer allgemeinen Führung können Spezialführungen gebucht werden zu den Themen Rechnen, Schreiben, Erfinder und Unternehmer, Frauenarbeit in der Informationstechnik, Kryptologie und zur Geschichte der Nixdorf Computer AG.

HNF Heinz Nixdorf
MuseumsForum GmbH

Presse und
Öffentlichkeitsarbeit

Fürstenallee 7
33102 Paderborn
Telefon 05251-3069-14
Telefax 05251-3069-18
www.hnf.de
presse@hnf.de

Datum/Name
23.04.2009
Andreas Stolte

Seite 3

Der Mensch im heutigen Informationszeitalter steht im
Mittelpunkt der HNF-Veranstaltungen. Zahlreiche Vorträge,
Diskussionen, Tagungen und Workshops befassen sich vor
allem mit aktuellen Fragestellungen der modernen
Informationsgesellschaft und -technik. Ein kostenloser
zweisprachiger Newsletter informiert alle drei Monate über die
Aktivitäten des HNF.

Neu eingerichtet ist das Business Forum im HNF. Mit seinen
vielfältigen Veranstaltungen ist das Business Forum besonders
für Führungskräfte und Mitarbeiter mittelständischer
Unternehmen eine Weiterbildungs- und Qualifizierungsplattform
in den Bereichen Technologietrends, E-Business und
Kompetenzentwicklung (www.business-forum.org). Daneben ist
das HNF ein Veranstaltungsort für Tagungen, Workshops und
Messen; hierfür stehen repräsentative Tagungsräume im
Hightech-Ambiente und professionelle Serviceleistungen zur
Verfügung.

Eine herausragende Rolle spielt das „Paderborner Podium",
eine hochrangig besetzte, jährliche Veranstaltungsreihe, in der
grundlegende Fragen des Informationszeitalters behandelt
werden. Den Auftakt bildete im Juni 1998 die Tagung
„Erziehung im Informationszeitalter", bei der Bundespräsident
Roman Herzog ein „Ja zur Erziehung" forderte. Im Oktober
2000 war Bundespräsident Johannes Rau bei der Tagung
„Glaube in der Wissensgesellschaft" zu Gast. Zum fünften
Jahrestag der Eröffnung des HNF am 24. Oktober 2001 stand
das Paderborner Podium unter der Überschrift
„Computer.Gehirn und Bewusstsein". „Lebenskunst im 21.
Jahrhundert", „Wegweisungen in der heutigen Zeit", „Die

Zukunft der Familie" und „Computer.Medizin" waren die Podien in den letzten Jahren überschrieben.

Neben der Dauerausstellung bieten zwei Wechselausstellungsbereiche Raum für ein ambitioniertes Sonderausstellungsprogramm. Gezeigt wurden bisher unter anderem Ausstellungen über historische Münzautomaten, die Welt der Computerspiele, die Geschichte des Grammophons und Papierkunst von Dorothea Reese-Heim. Große Medienresonanz und über 80.000 Besucher verbuchte die Sonderausstellung „Computer.Gehirn" von Oktober 2001 bis April 2002, die die Leistungsfähigkeit der Künstlichen Intelligenz und der Robotik mit den Fähigkeiten des menschlichen Gehirns verglich. Auch sehr erfolgreich war Ende 2005 die Ausstellung „Mata Hari, James Bond & Co. – Die Welt der Spionagetechnik" mit über 30.000 Besuchern. Vom 24. Oktober 2006 bis 20. Mai 2007 präsentierte das HNF die Ausstellung „Computer.Medizin", die anhand internationaler Leihgaben einen großen Überblick über die Bedeutung des Computers für die moderne Medizin bot. Mit 93.500 Besuchern war es die erfolgreichste Ausstellung in der Geschichte des HNF. Knapp 57.000 Menschen besuchten im ersten Halbjahr 2008 die Ausstellung „Zahlen, bitte! – Die wunderbare Welt von null bis unendlich". Vom 18. Januar bis 5. Juli 2009 ist im HNF die spektakuläre Sonderausstellung „Computer.Sport – Technik die bewegt" zu sehen, in der die Bedeutung aktueller computerbasierter Hochtechnologie für den heutigen Sport gezeigt wird.

In der Eingangshalle des HNF ist ein MuseumsShop eingerichtet. Ein Bistro mit 240 Plätzen und einer Terrasse sorgt für das leibliche Wohl der Besucher.

HNF Heinz Nixdorf MuseumsForum GmbH

Presse- und Öffentlichkeitsarbeit

Fürstenallee 7
33102 Paderborn
Telefon 05251-3069-11
Telefax 05251-3069-18
www.hnf.de
presse@hnf.de

Datum/Name

23.04.2009
Andreas Stolte

Seite 4

Allgemeine Informationen

Heinz Nixdorf MuseumsForum

Fürstenallee 7

33102 Paderborn

Telefon 05251/3066-00

Telefax 05251/3066-09

www.hnf.de

Täglich geöffnet außer montags,

dienstags bis freitags 9-18 Uhr

samstags, sonntags 10-18 Uhr

Eintritt: Erwachsene 5 Euro, ermäßigt 3 Euro

Schulklassen haben nach Anmeldung freien Eintritt

Am Wochenende kostenlose Führungen um 14 und 16 Uhr

HNF Heinz Nixdorf
MuseumsForum GmbH

Presse und
Öffentlichkeitsarbeit

Fürstenallee 7
33102 Paderborn
Telefon 05251-3066-14
Telefax 05251-3066-18
www.hnf.de
presse@hnf.de

Datum/Name

23.04.2009
Andreas Stolte

Seite 5